Stephanie Trommelen | Hans Jürgen Beins

Überraschend alltäglich!

Alltagsmaterialien in der Psychomotorik

Stephanie Trommelen | Hans Jürgen Beins

Überraschend alltäglich!

Alltagsmaterialien in der Psychomotorik

Unser Buchprogramm im Internet: www.verlag-modernes-lernen.de

Externe Links
Der Verlag weist ausdrücklich darauf hin, dass eventuell im Text enthaltene externe Links vom Verlag nur bis zum Zeitpunkt der Buchveröffentlichung eingesehen werden konnten. Auf spätere Veränderungen hat der Verlag keinerlei Einfluss. Eine Haftung des Verlages ist daher ausgeschlossen.

Folgen Sie uns auf  

Gesamtherstellung in Deutschland: Löer Druck GmbH, Dortmund

Schrift: Alegreya Sans

2., durchgesehene Auflage 2025

Bestell-Nr. 1333 ISBN 978-3-8080-0966-6

Inhalt

Zum Geleit 7

Überraschend alltäglich 9

Psychomotorik 12

Von der Balance zwischen Offenheit und Struktur 15

Zum Umgang mit den Spielideen 18

Praxisbeispiele

Großräumig bewegen 21

Spielen auf kleinem Raum – Aktionen am Tisch 49

Bauen mit Alltagsgegenständen und Naturmaterialien 79

Entspannen mit alltäglichen Dingen 113

Kooperative Spielideen mit Alltagsmaterialien 155

Was sonst noch geht 179

Übersicht

Spiele alphabetisch 196

Spiele nach Material 200

Literatur 204

Zum Geleit

Immer wieder staune ich, mit welcher Freude, Geduld und Kreativität sich Kinder mit Alltagsmaterialien beschäftigen. Das Buch trifft den Nagel auf den Kopf. Durch das Erkunden, Erproben, Experimentieren, Spielen, Bauen und Konstruieren mit alltäglichen Materialien machen Kinder spielerisch grundlegende und vielfältige Erfahrungen. Gibt man Kindern diesen Raum und diese Zeit, so merkt man schnell, dass der Fantasie und Kreativität keine Grenzen gesetzt sind. Das Buch wird nicht in meinem Bücherregal verschwinden, sondern ein ständiger Begleiter sein und mir somit täglich Anregungen für die Therapie und meinen Alltag mit Kindern geben.

Elisa Bomm
Mutter, Kinderphysiotherapeutin, Zusatzqualifikation Psychomotorik

„Kinder müssen beschäftigt sein." Das war die Antwort meiner damals siebenjährigen Tochter auf meine Frage, wie ich denn den Wartebereich meiner Kinderarztpraxis gestalten sollte. „Sonst werden sie unruhig und langweilen sich." Diese weise Antwort habe ich schon oft zitiert und möchte sie auch an dieser Stelle zum Geleit dieses schönen Buches voller Anregungen für die Verwendung von Alltagsmaterialien in der Psychomotorik beitragen. Es entspricht genau meiner Beobachtung: Wenn Kinder selbst wirksam werden können, im Gebrauch ihrer Hände, im Einsatz ihres Körpers die Welt um sie bewegen und verändern, sind sie mit sich und der Welt zufriedener.

Dr. Christoph Helbling, Kinder- und Jugendarzt

„Kinder lieben Überraschungen! Sie staunen, wenn aus Zeitungspapier eine Zauberpalme entsteht. Beim Erschaffen einer Blumenwiese mit Pappröhren, -deckeln und bunten Wäscheklammern sind sie höchst kreativ. Und nach einer anstrengenden Schwammschlacht entspannen sie sich in einem Meer von Papierbällen. Auch ehemalige Kinder schätzen die Vorzüge von günstigem, teilweise recyceltem Material. Ich freue mich über eine Flut von neuen Ideen in diesem herrlichen Buch für kleine und große Kinder!"

Birgit Hahnemann
Sportlehrerin, systemische Familienberaterin,
Leiterin des Förderzentrums E.J. Kiphard

Das Neue im Alten, das Erstaunen am Vertrauten: Mit ihrem Buch zeigen meine Freunde Stephanie Trommelen und Hans Jürgen Beins, was sich mit Alltagsgegenständen machen lässt. Was gestresste Eltern als interessante Quelle für Spiel- und Bewegungsimpulse in anspruchsvollen Zeiten ansehen dürften (Stichworte: Quarantäne, Home Schooling), hält jedoch weitere Potentiale bereit. Die Autoren öffnen den Blick für neue Perspektiven auf vertraute, oft als nutzlos erachtete und aussortierte Gegenstände, die plötzlich zu Spielmaterialien werden, die zudem ausgesprochen preiswert sind. Damit wird diesen Materialien neuer Sinn zuteil. Es verblüfft, was möglich wird, und es lädt ein, auch in anderen Zusammenhängen nach überraschenden, innovativen Verwendungsmöglichkeiten zu suchen. Eigentlich haben wir ein Buch über Kreativität und Dialog vor uns, das sehr viel Spaß macht. Möge dem Buch ein überraschend nicht-alltäglicher Erfolg beschieden sein.

Priv.-Doz. Dr. Guido Wolf
Kommunikationswissenschaftler, Unternehmensberater und freier Künstler

Vor Ihnen liegt kein überraschend alltägliches Buch. Auf solch vielfältige Ideen in der Verwendung alltäglicher Materialien muss man erst mal kommen. In diesem Zusammenhang denke ich gerne an den Telefonanruf eines fränkischen „Wellrohr"-Herstellers zurück. Der Geschäftsführer erinnerte sich beim Anblick eines „Heulrohr"-Fotos in einem Fachartikel an die Entstehungsgeschichte dieses in der Psychomotorik so bekannten Gerätes: Lehrlinge in seinem Betrieb hatten sich in der Mittagspause so freudvoll, lautstark und kreativ mit herumliegenden „Wellrohr"-Stücken beschäftigt, dass die Firma den Spielwert ihres rein technischen Produktes erkannte. Das „Heulrohr" war erfunden.
Der spielerische Umgang mit den im Alltag vorhandenen Materialien, birgt ein riesiges Kreativitätspotenzial. In diesem Buch werden alle fündig, die dieses Potenzial nutzen und weiterentwickeln wollen.

Rudolf Lensing-Conrady
Sportpädagoge, Leiter des Instituts für angewandte Bewegungsforschung

Überraschend alltäglich!

Glauben Sie, dass Kinder angesichts vieler neuer und bunter Spielmaterialien das Spiel mit Alltagsmaterial langweilt? Überrascht werden diejenigen, die Alltagsmaterial in Spielsituationen einbringen, davon, mit welch unerschöpflicher Fantasie Kinder manchmal nie geahnte Verwendungsmöglichkeiten von Zeitungen, Bierdeckeln, Teppichfliesen, Papp- oder Plastikröhren entdecken.

Insbesondere dann, wenn in der pädagogischen und therapeutischen Arbeit durch entsprechende materielle Voraussetzungen vieles machbar wird, sollten wir die einfachen Möglichkeiten im Auge behalten.

... die einfachen Möglichkeiten im Auge behalten

Kinder beziehen Alltagsmaterialien so selbstverständlich in ihre Spielwelt ein, dass dem Erwachsenen oft nur das Staunen bleibt. Aus einem alten Schuh wird ein Puppenbett, ein Zeitungsblatt wird zum Hut oder Ball geformt und eine Papprolle wird zum Fernglas umfunktioniert. Alltagsmaterialien ermöglichen neue Erfahrungen und lassen sich wunderbar in unsere Spiel- und Bewegungsangebote einbeziehen.

Das Spiel mit Alltagsmaterialien hat in der psychomotorischen Praxis eine lange Tradition. Schon Kiphard hat mit der Balance eines Zeitungsblatts Kinder und Erwachsene begeistert und PsychomotorikerInnen angeregt, verschiedene Materialien des alltäglichen Gebrauchs in die Arbeit einzubeziehen. Auch in unserer eigenen langjährigen Arbeit in der psychomotorischen Entwicklungsbegleitung und -förderung von Kindern nutzen wir gern Alltagsmaterialien.

Einige Vorteile liegen auf der Hand. Für diese Materialien fallen keine oder geringe Kosten an und sie sind in der Regel leicht zu beschaffen. Die ausgelesene Zeitung, die Pappröhre einer Papierrolle, Kunststoffbecher, Dosen, Klammern,

Schwämme, Teppichfliesen, Fliegenklatschen oder Zollstöcke, aber auch Naturmaterialen wie Steine, Kastanien oder Federn, können die kindliche Spielwelt bereichern. Natürlich gibt es im Laufe der Jahre einen Wandel, welche Materialien zur Verfügung stehen und gern genutzt werden. So sind z. B. die einst beliebten Filmdöschen, mit denen Geräuschmemories hergestellt wurden, mit der zunehmenden Digitalfotografie verschwunden. Erwachsene und Kinder werden – wie auch bei anderen Materialien oder Spielen – persönliche Vorlieben entwickeln. Dabei spielt es eine Rolle, wie sich die Gegenstände anfühlen, welche Farben oder Formen sie haben oder zu welchen Bewegungen und Spielen sie herausfordern.

Ernst Jonny Kiphard – Balance (Foto: René Senn)

Im Spiel mit Alltagsmaterialien sind wir nicht so festgelegt, da sie „im normalen Leben" eine andere Funktion haben. Wenn aus der Zeitung „eine Eisscholle", „ein Schiff" oder „ein Ball" wird, gibt es hier kein Richtig oder Falsch und der (kindlichen) Fantasie sind keine Grenzen gesetzt. So ist es auch nicht überraschend, dass es immer wieder neue Ideen und Materialkombinationen gibt, und dass Alltagsmaterialien auch in der Kunst und in der Mode gern verwendet werden - die afrikanische Maske aus angeschwemmten Kanistern, ein Raum auf der Documenta mit 2000 hängenden Zollstöcken oder das hautenge Kleidungsstück aus Autoschläuchen bei einer Modenschau mögen dafür Beispiele sein. Auch Kinder überraschen uns immer wieder – so werden Kinder zu Erfindern (vgl. Beins/Conrady 1996), schaffen neue Spielgeräte oder verwenden Dinge in neuen Zusammenhängen. Sie betrachten aus anderen Perspektiven und denken ihre Welt neu. Diese Fähigkeit scheint angesichts großer ökologischer und gesellschaftlicher Herausforderungen eine wesentliche Kompetenz zu sein (vgl. Göpel 2021).

Neben der Anregung zu kreativem Handeln kann es ein Vorteil sein, dass die Kinder einige dieser Materialien auch zu Hause vorfinden und ihr Spiel aus der Kita, der Schule oder der Therapie fortführen können. Der Übergang zwischen einem Alltagsmaterial und einem pädagogischen Spielmaterial ist immer ein fließender. So wurde der Bierdeckel mit Werbeausdruck häufig durch einen farbigen Pappdeckel oder die ausrangierte Teppichfliese durch eine bunte, gummierte Fliese ersetzt oder ergänzt. Nicht selten nehmen veränderte Vorgaben oder Regeln hier Einfluss.

Kinder als Erfinder

Auch wenn wir in diesem Buch unsere vielfältigen, positiven Erfahrungen mit Alltagsmaterialien in der Psychomotorik in den Vordergrund stellen, sind wir der Überzeugung, dass darüber hinaus gute Ausstattungen mit weiteren Spielgeräten für die pädagogische und therapeutische Arbeit notwendig und wertvoll sind.

Die Spielvorschläge, die wir hier machen, verstehen wir nicht als starre Anweisungen oder Rezepte. Sie sind im Spiel-Dialog mit Kindern und Erwachsenen entstanden und verändern sich mit jeder neuen Begegnung. Der Ort, die Gruppe, das Material und die Spielfreude nehmen Einfluss und sorgen für die gewünschte Veränderung – und dies ist gut so!

Psychomotorik

„Psychomotorik“ fragt ein Freund überrascht – „davon und damit kann man leben?“. Zugegebenermaßen ist Psychomotorik ein etwas sperriger Begriff, der manchen Eltern im Gespräch die Fragezeichen in die Augen treibt und einen befreundeten Unternehmensberater nicht müde werden lässt, uns einen „ordentlichen, möglichst englischen Begriff“ nahezulegen.

Warum bleiben wir im Bonner Förderverein Psychomotorik und viele andere Institutionen diesem Begriff treu? Liegt dies vielleicht an einer Vorliebe für alte Sprachen? „Das Wort ‚Psyche‘ stammt aus dem Altgriechischen und bedeutet ‚Seele‘ bzw. ‚Seelenleben‘, während das Wort ‚Motorik‘, abgeleitet vom Lateinischen ‚movere‘ (=bewegen), als Oberbegriff für ‚menschliche Bewegung‘ verwendet wird. Die Zusammenfügung zu einem Begriff verweist darauf, dass der Mensch als Einheit von Leib und Seele, von Körper und Geist betrachtet wird.“ (Beudels u.a. 2019, S. 14) Da wir für uns die Vorliebe für alte Sprachen ausschließen können, muss es einen anderen Grund geben. Liegt es vielleicht an unserer engen Verbundenheit mit Ernst „Jonny“ Kiphard (1923-2010), dem Vater der deutschen Psychomotorik, nach dem auch unser Bonner Förderzentrum benannt wurde?

Kiphard im Bonner Förderzentrum (Foto: René Senn)

Kiphard entwickelte Ende der 50er Jahre in der Westfälischen Jugendklinik in Gütersloh in Zusammenarbeit mit KollegInnen die sogenannte „Psychomotorische Übungsbehandlung". Er hatte zuvor als Clown und Artist im Zirkus gearbeitet und dann in Köln ein Studium zum Diplom-Sportlehrer absolviert. Seine sportpädagogische Arbeit in Gütersloh und Hamm war unter anderem durch die „Rhythmik" und die „Montessori-Pädagogik" beeinflusst. Eine ganzheitliche Sichtweise des Menschen prägte seine Haltung und seine Übungen und Spiele zur Förderung der Bewegung, der Wahrnehmung, der Behutsamkeit und der Selbstbeherrschung. Seine vielfältigen Fähigkeiten und seine humorvolle, offene Art den Menschen zu begegnen, hat seine Arbeit mit den Kindern und später seine Hochschularbeit als Professor an der Universität in Frankfurt geprägt. Viele persönliche Begegnungen und seine Veröffentlichungen haben unsere Arbeit stark beeinflusst. Seine „Erziehung durch Bewegung" eröffnet motivierende Spiel- und Bewegungserfahrungen und schafft auch Kindern mit Behinderung Raum für selbsttätiges Handeln.

Die Psychomotorik wurde von Kiphard und KollegInnen in der Praxis entwickelt – die vielen spannenden Theorien auf der Basis seiner Arbeit sind danach entstanden. Dabei wurden medizinische, psychologische oder sozialwissenschaftliche Ansätze mit der Psychomotorik verwoben. Diese Theorien oder Ansätze vereinfachen die Komplexität von Wirklichkeit und können zur Reflexion und Weiterentwicklung der Arbeit anregen. Welcher Ansatz die subjektiv wahrgenommene Wirklichkeit zutreffender beschreibt, war lange Gegenstand der wissenschaftlichen Diskussion und scheint kaum abgeschlossen. Wer sich mit den verschiedenen Konzepten der letzten Jahrzehnte, wie z. B. der „kindzentrierten psychomotorischen Entwicklungsförderung" (Zimmer), der „verstehenden Psychomotorik" (Seewald) oder der „systemisch-konstruktivistischen Sichtweisen" (Balgo), auseinandersetzen möchte, sei auf die Veröffentlichungen von Fischer (2009), Kuhlenkamp (2017) und Zimmer (2019) verwiesen. Darüber hinaus scheint uns die von Hartmut Rosa (2020) entwickelte „Resonanztheorie" hilfreich, um unsere psychomotorische Praxis zu reflektieren und eine zeitgemäße Haltung zu entwickeln. Dass auch die ÄrztInnen und PädagogInnen wie Korczak, Montessori, Fröbel, Hengstenberg oder Pikler Einfluss auf die psychomotorische Praxis und Haltung genommen haben, macht Passolt (2020) deutlich: „Große PädagogInnen zeigen aber auch eines immer wieder: Die gelebte pädagogische Praxis ist forschend, fragend, zweifelnd, sich öffnend, austauschend und daher würdevoll, achtsam und achtend."

Ob und wie diese Gedanken, Konzepte und Theorien die Vielfalt und Buntheit der eigenen psychomotorischen Praxis in der Kita, der Schule oder der Therapie zutreffend beschreiben, mag jede/r selbst herausfinden.

Unsere Sprache gibt vielfältige Hinweise auf die Einheit von Psyche und Motorik. So bilden in der Psychomotorik das „Greifen", „Begreifen" und das „Ergriffensein" eine Einheit. Das Greifen steht sinnbildlich für Motorik, das Begreifen für das Kognitive und das Ergriffensein für das Emotionale in der Bewegung. Die Wortverbindungen von „Berührung" und „berührt sein" sowie von „Bewegung" und „bewegt sein" geben weitere Hinweise auf diesen Zusammenhang und die eigene Praxis. Die sensomotorische und emotionale Begegnung mit der sozialen und materialen Welt finden elementar über die Haut bzw. die taktile Wahrnehmung und über die Bewegung statt. Die Psychomotorik, die wir vertreten und mit der wir sehr gute Erfahrungen gemacht haben, setzt auf freudvolle Bewegung und Spiel, auf selbsttätiges Handeln der Beteiligten und Resonanz in der Begegnung. Resonanz meint hier keinen Gefühlzustand, sondern einen Beziehungsmodus und „... bezeichnet ein wechselseitiges Antwortverhältnis, bei dem die Subjekte sich nicht nur berühren lassen, sondern ihrerseits zugleich zu berühren, das heißt handelnd Welt zu erreichen vermögen." (Rosa 2021, S. 270).

Diese Resonanzerfahrungen durften wir in unserer langjährigen psychomotorischen Arbeit mit Kindern und in der Erwachsenenbildung vielfach machen. In diesem Sinne hoffen wir, dass unsere Vorschläge Sie berühren, zum Handeln anregen und im spielerischen Dialog mit den Kindern Eigenes und Neues entsteht.

Von der Balance zwischen Offenheit und Struktur

Einige Anregungen zum Umgang mit den Spielideen

Der ironische Schülerspruch „Müssen wir wieder machen, was wir wollen?“, der es inzwischen schon zum Titel eines Buches gebracht hat, weist auf eine spannende, pädagogische Herausforderung hin. Wie schaffe ich eine Balance zwischen Offenheit und Struktur, die für die jeweilige Gruppe passend ist. Wenn aus Offenheit Beliebigkeit wird, fehlt den Kindern in Kita, Schule oder Therapie häufig die Orientierung. Wird aus Struktur Starrheit und Unbeweglichkeit, fühlen sie sich eingeengt und haben nur wenig Gelegenheit, Partizipation und Selbstwirksamkeit zu erfahren.

Im Umgang mit Alltagsmaterialien erleben wir eine große Bandbreite, um den Kindern Zugänge zu schaffen. Bei der Erkundung eines Materials im (Frei-)Spiel erleben die Kinder ein hohes Maß an Offenheit im Sinne von „was kannst du mit der Zeitung anfangen“. Sie erfahren keine Einschränkungen und finden verschiedenste Lösungen. So könnten sie die Zeitung zerreißen, sie balancieren, einen Ball daraus formen oder sie mit Klammern an eine Leine hängen.

Haben die Kinder z. B. Zollstöcke zur Verfügung, könnte großer Freiraum in manchen Gruppen dazu führen, dass sie sich mit dem Material bei Kämpfen verletzen oder die Zollstöcke eine kurze „Lebensdauer“ haben. In diesem Fall erscheint es sinnvoll, sich auf einige Regeln bei der Nutzung zu einigen. Eine Bewegungsaufgabe wie z. B. „balanciere den Zollstock“ oder „forme eine Zahl oder einen Buchstaben aus dem Zollstock“ schränkt die Möglichkeiten ein, lässt aber immer noch unterschiedliche Lösungen zu.

Auch Bewegungs- und Spielthemen wie „die Tiere im Dschungel“, „die Piraten kommen“ oder „der Circus ist in der Stadt“ regen die Kinder zu eignen, fantasievollen Spielen an. Eine Frage (z. B. welche Tiere im Dschungel kennst du?), eine Aufgabe (z. B. bewege dich wie ein Elefant, ein Löwe ...) oder ein Spiel (z. B. die Affenmutter will ihre Kinder fangen) können in ein Thema einführen und die Kinder zu weiteren Aktivitäten anregen.

Eine Bewegungsgeschichte (vgl. Beudels u.a. 2011) gibt einen Rahmen und damit eine klare Struktur vor, in der es gleichzeitig Freiraum geben sollte. Regt die erzählte Geschichte die Fantasie der Kinder an, werden sie Bilder, Handlungen sowie eigene Spiel- und Bewegungsmöglichkeiten dazu entwickeln und nicht immer kommt die Geschichte zum geplanten Ende.

Soll die Geschichte die Handlungen der Kinder begleiten und beharren der Geschichtenerzähler oder die Spielleiterin auf einer engen und gleichförmigen Durchführung der Aufgaben in der Geschichte, im Sinne von „Vormachen-Nachmachen“, besteht kaum Freiraum für eigene Ideen und Lösungen.

In unserer psychomotorischen Praxis wird ein hohes Maß an Offenheit und Freiraum angestrebt, aber es kann auch Situationen oder Aufgaben geben, in denen eine enge Struktur Sinn macht. Wollen wir einen gemeinsamen Rhythmus klatschen oder stampfen, ein Lied singen oder ein Tuch schwingen, erfordert dies gemeinsames, abgestimmtes Handeln. Wer schon mal die Gelegenheit hatte, in einer Gruppe afrikanisches Trommeln zu erleben, hat diese Erfahrung vermutlich gemacht. Das gemeinsame Trommeln schließt individuelle Improvisationen ja nicht aus und die Vorgaben müssen nicht unbedingt von ErzieherInnen oder LehrerInnen kommen. Ob eine Gruppe die Voraussetzungen für ein gemeinsames, abgestimmtes Handeln hat oder zeitnah erlernen kann, wird im Alltag schnell deutlich. Der mitspielende Erwachsene, die sinnbildliche Begegnung auf Augenhöhe, die freiwillige Teilnahme und die Eröffnung von Rückzugsmöglichkeiten sorgen in der psychomotorischen Praxis für ein Miteinander, das den Prozess und (Bewegungs-)Dialog wichtiger erachtet als ein bestimmtes Produkt.

Bei der Beschreibung psychomotorischer Praxis und möglicher Erfahrungsebenen finden wir häufig eine Einteilung in die Körper-(Selbst-), Material- und Sozialerfahrung. Auch wenn in diesem Buch unser Ausgangspunkt im Umgang mit Alltagsmaterialien und damit in der Materialerfahrung liegt, lassen sich diese Erfahrungsbereiche in der Praxis kaum trennen. Wie fühlt es sich an, wenn ich eine Zeitung zerreiße? Möchte ich von einer Mitspielerin mit Zeitungsblättern zugedeckt werden? Wie bringe ich einen Zollstock auf meiner Hand in Balance? Wie sieht meine Körperform aus, wenn ich liege und von Zollstöcken umrandet werde?

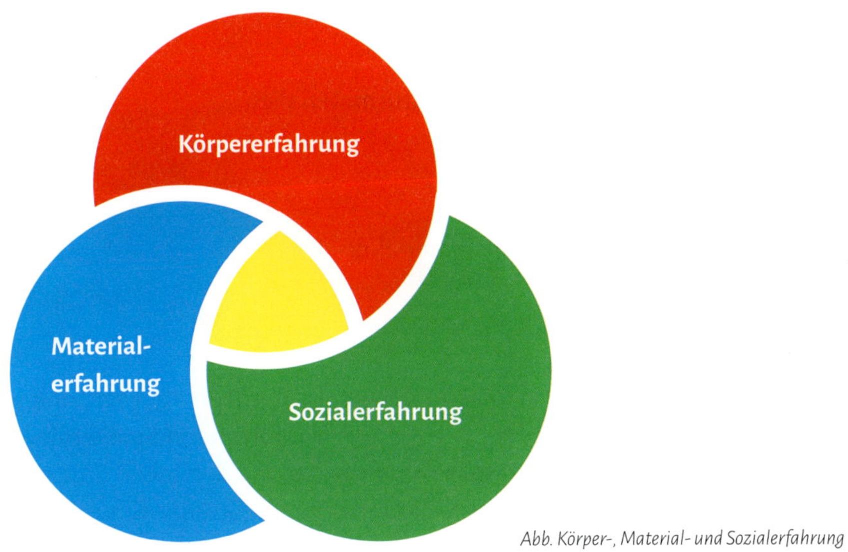

Abb. Körper-, Material- und Sozialerfahrung

Im Spiel mit den Dingen eröffnen sich immer wieder auch Körper- und Sozialerfahrungen.

Zum Umgang mit den Spielideen

Dieses Buch ist eine Praxishandreichung und die Anregungen stammen aus unserer Arbeit mit Kindern und Jugendlichen im Förderverein Psychomotorik Bonn. Die Spielideen sind vielfach erprobt und in den Fortbildungsveranstaltungen der Rheinischen Akademie von Fachkräften aus unterschiedlichen pädagogischen und therapeutischen Berufen weitergeben worden. Aus vielen möglichen Systematisierungen haben wir uns für die folgende Gliederung entschieden:

Großräumig bewegen

Spielen auf kleinem Raum – Aktionen am Tisch

Bauen mit Alltagsgegenständen und Naturmaterialien

Entspannen mit alltäglichen Dingen

Kooperative Spielideen mit Alltagsmaterialien

Was sonst noch geht

Die genannten Bereiche haben in unserer Arbeit einen hohen Stellwert und sie finden sich im pädagogischen Alltag wieder. Wer die folgenden Spiele mit Alltagsmaterialien nutzen möchte, sollte frei und flexibel mit den Ideen umgehen, sie anpassen und verändern, wenn die Situation oder die Gruppe dies erfordert. Wir benennen das Material, die Gruppengröße, beschreiben Variationen und geben noch Tipps zur Umsetzung. In den Variationen beschreiben wir den vielfältigen und auf unterschiedliche Altersgruppen bezogenen Einsatz und eröffnen zusätzlich alternative Materialien, die für manche Altersstufe besser geeignet sind.

Wir haben uns in diesem Buch bewusst gegen eine Altersangabe entschieden. Der Entwicklungstand und die damit verbundenen Fähigkeiten variieren bei Kindern stark, sodass diese Angaben schnell ungenau werden. Auch wird manches Spiel durch die beschriebenen Variationen des Materials, der Regeln oder des Themas in einer großen Altersspanne umsetzbar. Der Umgang mit den Spielideen soll möglichst offengehalten werden, so dass die individuelle Anpassung der Inhalte an die Zielgruppe und an weitere beeinflussende Faktoren wie z. B. Rahmenbedingungen, Arbeitsfelder etc. möglich wird.

Spielfreude

In unseren Beschreibungen und Fotos wird deutlich, dass wir uns schwerpunktmäßig auf Kinder und Jugendliche beziehen. Die wertvollen Spielideen der Psychomotorik ermöglichen den Einsatz in Krippe, Kita, Schule, Therapie und Verein. Natürlich lassen sich viele Spielideen auch mit spielfreudigen Erwachsenen und älteren Menschen umsetzen. So sind Spielereien mit dem Luftballon nicht nur für Kinder motivierend und freudvoll, sondern auch für ältere Menschen. Krippenkinder setzen sich spielerisch mit dem Material und seinen Eigenschaften auseinander, erhalten Hilfsmittel, die den Umgang erleichtern und absichern. Kindergarten- und Schulkinder kommen in ein gemeinsames Spiel und sind in der Lage, gemeinsame Transportaufgaben mit dem Luftballon zu bewältigen. Ältere Menschen begeistern sich, wenn sie im Stuhlkreis oder in Bewegung versuchen, den Luftballon in der Luft zu halten und sich dabei im bewegenden Spiel begegnen. Ähnliche Beispiele könnten wir für viele der benutzen Alltagsmaterialien geben.

Fazit: Auch wenn wir von Kindern und Jugendlichen schreiben, mögen sich alle Menschen, die gern bewegt spielen, angesprochen fühlen – selbst die 20.465 über 100-Jährigen in Deutschland (Statistisches Bundesamt 2021), die wir bei früheren Altersbeschreibungen (von 1-99) leider ausgeschlossen haben.

Im Buch finden Sie bei einigen Praxisbeispielen einen QR-Code, mit dessen Hilfe Sie Videos zu den Spielen finden. Diese haben wir auf unserem Kanal „Mobil im Spiel" für Kinder, Eltern und Fachkräfte produziert und werden auch noch weitere hinzufügen. Hier ein Beispiel:

https://www.youtube.com/watch?v=1m_VGrMlf7M

Und nun viel Spaß beim Ausprobieren!

Grafik: Floris Gnad

Großräumig bewegen

Großräumig bewegen

Dass viele Kinder sich mehr und häufiger bewegen sollten, ist keine neue, aber eine weiterhin aktuelle Erkenntnis. Dabei hängt die vielfach beschriebene Bewegungsarmut oft mit schlechten Rahmenbedingungen und weniger mit dem kindlichen Bedürfnis zusammen. Kinder suchen in der Kindertagesstätte oder der Schule immer wieder die Möglichkeit der Bewegung. Sie wollen nicht nur sitzen und basteln und sie benötigen mehr Bewegung, als die Turn- und Sportstunden zulassen. Sie wollen täglich rennen, hüpfen, klettern, hangeln und toben.

Kinder wollen rennen, klettern, toben

Die großräumige Bewegung gehört in den pädagogischen Alltag, denn nicht allen Kindern werden Angebote in Sportvereinen eröffnet und nicht alle bewegen sich außerhalb der Kita und Schule ausreichend.

Alltagsmaterialien werden in pädagogischen Einrichtungen traditionell gern zum Basteln und für kunstpädagogische Projekte genutzt. Nicht immer ist bewusst, dass darüber hinaus auch großräumige Bewegungsangebote durch einfache Materialien angeregt werden können. Alltagsmaterialien bieten neben psychomotorischen Spielgeräten und Standardmaterialien der Turnhallen eigene Zugänge und Anregungen und bereichern so das Kinderspiel. Aus einer Zeitung kann ein Ball werden, der geworfen und gefangen wird, oder es entsteht eine Zeitungswand, durch die die Kinder laufen können. Auch mit Fliegenklatschen und Luftballons lassen sich bewegte Spiele entwickeln. Bei diesen Aktivitäten werden auf spielerische Weise, die in der Sportpädagogik betonten Fähigkeiten wie Koordination, Ausdauer, Kraft und die Schnelligkeit gefördert. Dies geschieht beiläufig, denn das selbsttätige Spiel und der kreative Umgang mit den Dingen stehen auch hier im Mittelpunkt. Genug Raum, anregende Materialien und ein paar Spielideen und schon lassen sich mit Klammern, Zeitungen, Zollstöcken oder Teppichfliesen tolle großräumige Aktivitäten entwickeln. Diese können so Bestandteil der kindlichen Spielwelt werden und unabhängig von pädagogischen Institutionen Umsetzung finden.

Durch die Wand

Bei dieser Aufgabe benötigen jüngere Kinder etwas Mut, denn sie laufen oder springen durch ein gespanntes Zeitungsblatt. Zwei Kinder halten ein Zeitungsblatt wie eine „Wand", durch die ein Kind mit Schwung läuft, so dass das Blatt zerreißt. Zunächst ist es sinnvoll, dass die Zeitung auf Bauch- bzw. Brusthöhe gehalten wird, bevor die Kinder dann auch „mit dem Kopf durch die Wand" wollen.

Material: Zeitungen

Gruppengröße: 3–25 Kinder

Variation:

- Das Durchfahren der Zeitungswand mit einem Roller, Rollbrett usw. stellt eine reizvolle Bewegungsaufgabe für Kinder dar.

Tipps:

- Die SpielleiterIn hält das Blatt bei den ersten Durchgängen gemeinsam mit einem Kind und achtet darauf, dass es gut gespannt ist. Auch ein halbiertes Blatt kann nochmal verwendet werden.

Mobil im Spiel „Tolle Spiele mit Zeitungen"

https://www.youtube.com/watch?v=1m_VGrMlf7M

Ortswechsel

Zunächst werden die Teppichfliesen so kreuz und quer auf einer Freifläche verteilt, dass der Abstand zwischen den Fliesen ca. eine halbe Schrittlänge beträgt. Die Kinder stellen sich jeweils auf eine Fliese, dabei sollen zwei oder drei weitere Fliesen unbesetzt bleiben. Beim folgenden Spiel „Ortswechsel" haben die Kinder das Ziel, möglichst häufig die Fliesen zu wechseln. Es darf aber immer nur eine naheliegende, freie Fliese betreten werden. Sobald ein Kind seine Fliese verlässt, wird eine neue frei und wieder ist ein Wechsel möglich.

Material: Teppichfliesen (drei mehr als Kinder)

Gruppengröße: 2–25 Kinder

Variation:

- Die Kinder sollen sich zu Beginn ihren Ausgangspunkt merken und nach einigen Minuten Spielzeit mit den gleichen Regeln ins eigene „Haus" zurückkommen, d. h., nur freie, naheliegende Fliesen dürfen betreten werden. Das Ziel ist dann erreicht, wenn alle wieder an ihrem Ausgangspunkt angekommen sind.

Tipps:

- Da das Spiel „Ortswechsel" viel Aufmerksamkeit erfordert, empfiehlt es sich, zuvor ein einfaches, bewegungsintensives Spiel zu ermöglichen, bei dem die Fliesen im gesamten Raum verteilt werden und die Kinder jeweils bei Musikstopp oder auf ein Zeichen eine Fliese aufsuchen.

Rollern und rutschen - Fortbewegen mit Teppichfliesen

Die Kinder nutzen die Teppichfliesen gern, um sich fortzubewegen. Ist pro Kind eine Fliese vorhanden, können sie „Rollerfahren", indem sie die rutschige Seite der Fliese nach unten legen, sich mit einem Fuß auf die Fliese stellen und dann „rollern". Haben sie unter jedem Fuß eine Teppichfliese, können sie „Schlittschuhlaufen". Natürlich können sie sich auch auf die Fliese setzen oder knien und sich so fortbewegen. Schulkinder können auch Partner-Schlittschuhlaufen, indem sie gemeinsam 3 Fliesen haben und die Mittlere teilen.

Material: 1–2 Teppichfliesen je MitspielerIn

Gruppengröße: 1–20 Kinder

Variation:

- Statt der Teppichfliesen werden Wischmopp-Bezüge genutzt, in die die Kinder ihre Füße stecken können.

Tipps:

- Aus großen Fußmatten lassen sich kostengünstig passende Teppichfliesen herstellen.

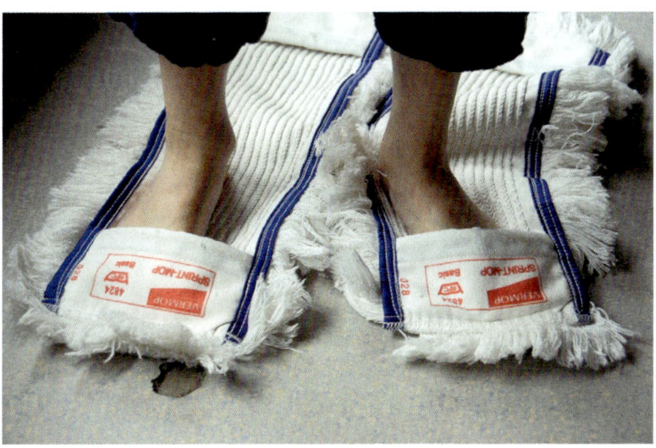

Klammerklau

Das Spiel „Klammerklau" zählt zu den Klassikern und lässt sich in vielen Variationen spielen. Bei einer Spielform befestigen alle MitspielerInnen jeweils 4-10 Klammern an der eigenen Kleidung. Die Klammern sollen sichtbar sein und im Spiel findet an diesen Stellen Berührung durch MitspielerInnen statt. Auf ein Zeichen der SpielleiterIn versuchen alle „DiebInnen", andere Klammern zu erbeuten und zu verhindern, dass die eigenen Klammern geklaut werden. Die erbeuteten Klammern werden an der eigenen Kleidung befestigt.

Material: Wäscheklammern

Gruppengröße: 4–25 Kinder

Variation:

- Bei jüngeren Kindern empfiehlt es sich, eine Sammelstelle (z. B. Stuhl oder kleiner Kasten) für erbeutet Klammern aufzustellen und die Kinder, die keine Klammern haben, versorgen sich hier.
- Verschiedene Fortbewegungsformen z. B. Krabbeln oder auch mit dem Rollbrett fahren.
- Die Diebe klauen nur Klammern einer Farbe, die ihnen besonders gefällt.
- Es gibt nur eine „KlammerdiebIn".
- Wie oben, nach einem kurzen Spielstopp versuchen die Kinder, eigene Klammern an der Kleidung der Anderen zu befestigen.

Tipps:

- Die Größe der Spielfläche, das Alter und die Zahl der Kinder sind entscheidend für die Spielform. Z. B. verhindert bei einem kleinen Raum und Kindern im Vorschulalter das Krabbeln Zusammenstöße.

Kinderbiathlon - Das Ziel im Auge

Dieses Spiel nimmt die Lust von Kindern auf, mit einer Wasserspritze zu spielen. Zunächst werden einige Mineralwasserflaschen mit Wasser gefüllt, so dass sie genug Gewicht haben und nicht umfallen, wenn sie der Wasserstrahl trifft. Die Flaschen werden auf einem Tisch nebeneinander angeordnet und auf den Flaschenhals wird jeweils ein Tischtennisball gelegt. Nun vereinbaren wir mit den Kindern eine Distanz, aus der die Bälle mit einer Wasserspritze oder Wasserpistole vom Flaschenhals gespritzt werden. Gelingt dies gut, lässt sich das Spiel mit anderen Aufgaben verbinden, wie z. B. laufen oder rollern die Kinder eine Runde und kommen dann zu dieser Station, um die Bälle zu treffen.

Material: 3–6 Plastikflaschen, Wasser, 3-6 Tischtennisbälle, Wasserspritze oder Wasserpistole, falls vorhanden ein Gymnastikreifen

Gruppengröße: 2–4 Kinder

Variation:

- Die Flaschen stehen auf dem Boden und die Kinder zielen im Liegen.
- Die Flaschen werden nicht mit Wasser gefüllt und sollen umfallen.

Tipps:

- Ein Gymnastikreifen kann als Markierung dienen. So lässt sich der Abstand gut variieren. Sollen die Kinder sich hinlegen, kann eine Isomatte als Ausgangspunkt dienen.

Fliegenklatsche und Luftballon

Das Spielen mit Fliegenklatschen und Luftballons ist inzwischen ein Klassiker der psychomotorischen Praxis. Jede/r MitspielerIn erhält eine Fliegenklatsche und einen Luftballon und experimentiert mit diesen beiden Gegenständen. Häufig balancieren die Kinder den Ballon auf der Fliegenklatsche oder versuchen ihn in die Luft zu spielen. Gelingt dies, können sich auch zwei Kinder den Ballon zuspielen. Für Schulkinder können wir eine (Zauber-)Schnur spannen und die Kinder zählen, wie häufig sie sich den Ballon über die Schnur zugespielt haben.

Material: Fliegenklatsche je MitspielerIn, Luftballons, Tischtennisbälle

Gruppengröße: 2–24 Kinder

Variation:

- Kleine Kinder spielen auch den am Boden liegenden Ballon durch den Raum.
- Mit einem Luftballon zwischen den Knien und 1-2 Fliegenklatschen lässt sich wunderbar trommeln.

Tipps:

- Wir achten darauf, dass die Luftballons eine gute Qualität haben und den Rahmenbedingungen entsprechend aufgepustet werden.
- Bei jüngeren Kindern befüllen wir die Luftballons mit weniger Luft oder nutzen eine Hülle oder ein Chiffontuch, in das der Ballon gelegt und eingeschlagen wird.

Balancieren auf und mit Zollstöcken

Ein Zollstock kann an unterschiedlichen Orten als Balance-Objekt genutzt werden. So können Kinder auf dem ausgeklappten und am Boden liegenden Zollstock vorwärts und rückwärts balancieren. Dazu muss er nicht unbedingt gerade sein, sondern kann eine Ecke oder Kurve haben. Mit mehreren Zollstöcken kann auch ein kleines Straßensystem entstehen, auf dem die Kinder sich bewegen.

Der Zollstock lässt sich auf der Hand, dem Fuß, der Schulter oder dem Kopf balancieren. Er kann dabei unterschiedlich geformt sein. Haben die Kinder etwas Übung, können sie auch versuchen, einen Zollstock gemeinsam und ohne Hilfe der Hände zu transportieren.

Material: Ein Zollstock je Kind

Gruppengröße: 1–25 Kinder

Variation:

- Der ausgeklappte Zollstock wird auf dem Finger, dem Kopf, der Nase, einem Ast, Stein oder anderen stabilen Gegenstand ausbalanciert. Wie viele Zollstöcke lassen sich auflegen?

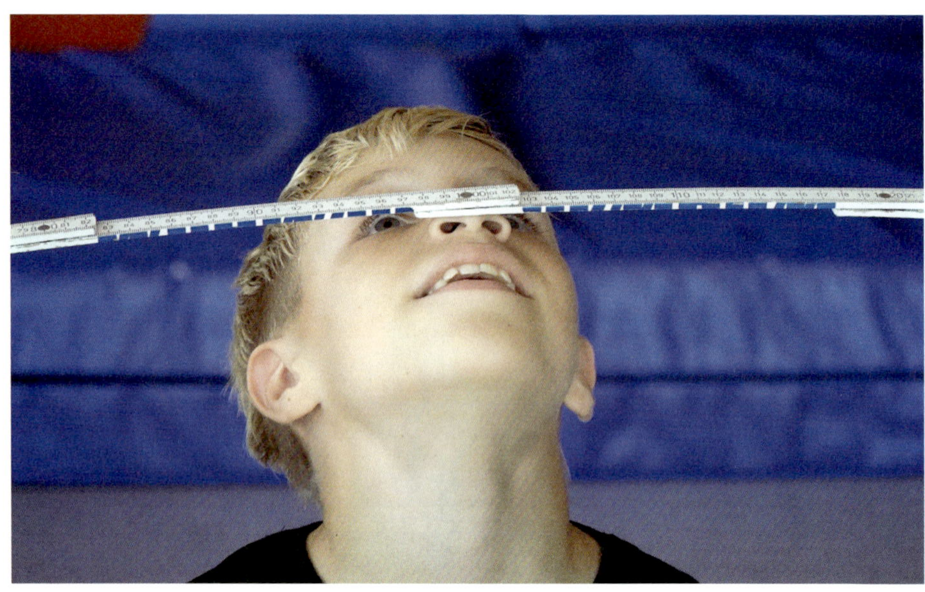

Tipps:

- Für diese Aufgabe benötigen die Kinder Platz, so dass sie am besten draußen oder einem Bewegungsraum eröffnet wird.

Mobil im Spiel
„Coole Spiele mit Zollstöcken“

https://www.youtube.com/watch?v=p4P6zRAgODY

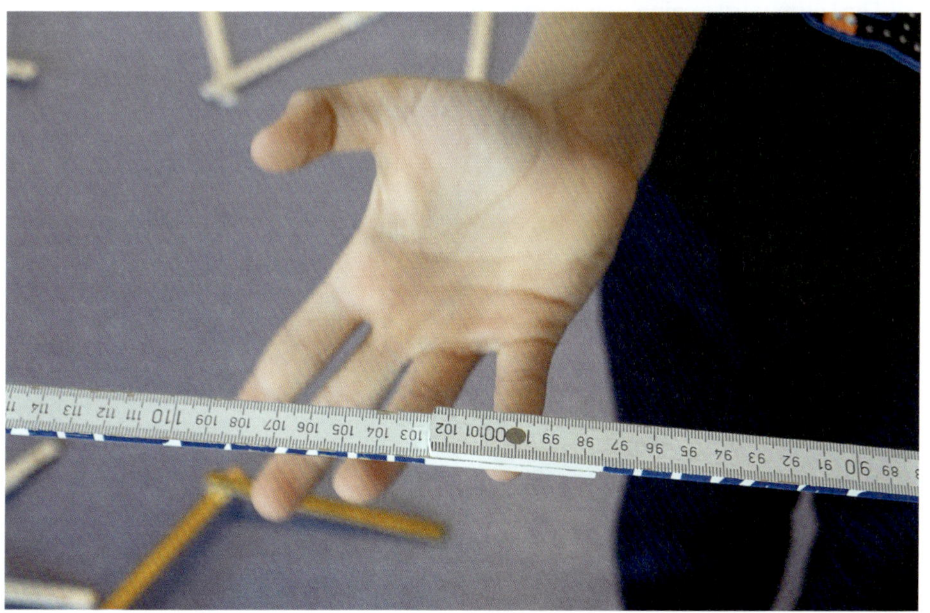

Die Leiter als Spielgerät

Sofern eine Holz- oder Aluminiumleiter vorhanden ist, lässt sich diese gut in bewegte Spielangebote einbeziehen. Die Nutzungsmöglichkeiten sind abhängig von der Größe und der Funktion der Leiter – so gibt es z. B. Anlegeleitern, Stehleitern oder Klappleitern. Eine Anlegeleiter und eine komplett ausgeklappte Klappleiter lassen sich auf den Boden legen und eröffnen dann schon einige Balancemöglichkeiten, indem die Kinder nur über die Sprossen oder den Rahmen laufen oder in die Felder hüpfen.

Sobald die Leiter in die Höhe führt, sollten der sichere Aufbau und je nach Höhe der passende Fallschutz beachtet werden. Hat eine Stehleiter an beiden Seiten Tritte kann der Gipfel überwunden werden. Die Klappleiter lässt sich vielfältig aufbauen und bietet so immer neue Herausforderungen zum Klettern, Balancieren oder Hangeln.

Material: Leitern

Gruppengröße: 1–6 Kinder

Variation:

- Die Leiter wird in eine Bewegungslandschaft einbezogen.

Tipps:

- Bei einer hohen Leitern ist es ideal, wenn sie mit einem Seil so fixiert wird, dass sie nicht umkippt.
- Eine Stabilisierung und Sicherung der Leitern kann auch mit Matten erfolgen.

Spielereien mit Luftballons

Luftballons regen Kinder in der Regel zu kleinen Spielereien an. Sie spielen den Ballon mit der Hand, dem Fuß oder dem Kopf in die Luft oder versuchen, ihn auf unterschiedlichen Körperteilen zu balancieren. Kinder im Schulalter erhalten die Bewegungsaufgabe, einen Ballon oder zwei Ballons ohne Hände zu transportieren. Klappt dies gut, können zwei Kinder gemeinsam versuchen, die Ballons zwischen ihren Köpfen oder Rücken zu befördern.

Nach diesen Spielereien werden die Ballons in einem Kissen oder Bettbezug gesammelt. Ist die Qualität der Ballons gut, können die Kinder sich auf diese Kissen setzen, legen oder werfen, ohne dass die Ballons zwangsläufig platzen. Wird das Luftballonkissen unter einen Tisch oder eine Turnmatte gelegt, entsteht ein labiler Untergrund – z. B. ein „schaukelndes Schiff", auf dem die Kinder sitzen oder balancieren können.

Material: Luftballons, Wollfaden, Kissen- oder Bettbezug

Gruppengröße: 1–25 Kinder

Variation:

- Für jüngere Kinder können wir auch einen Wollfaden oder ein Chiffontuch an den Ballon binden, so dass sie ihn hinter sich herziehen und ihn herumschleudern können.

Tipps:

- Evtl. mit einer Luftballonpumpe die Ballons vorbereiten.

Mobil im Spiel „Lustige Aktionen mit Luftballons“

https://www.youtube.com/watch?v=62gcXKzicZs

Hemd, Schuh, Hut

Für das Spiel sind Stationen mit Hemd, Schuh und Kopfbedeckung aufgebaut. Die Kleidungsstücke liegen bspw. in einem Reifen und markieren so eine bestimmte Abteilung in einem Kaufhaus. Nun geht es darum, auf ein Kommando der Spielleiterin die genannte Kleidungsabteilung so schnell wie möglich aufzusuchen, sprich sich an den Reifen zu stellen oder ihn mit den Händen anzufassen. Zu einer Musik bewegen sich die Kinder im Shoppingcenter um die Stationen herum und reagieren nach Musikstopp so schnell wie möglich auf den entsprechenden Zuruf. Die Kinder, die am schnellsten das genannte Kleidungsstück berührt haben, bekommen einen Gegenstand, der symbolisch für eine Einkaufsquittung steht, wie z. B. eine Wäscheklammer oder einen Pappdeckel.

Material: Verschiedenste Anziehsachen wie Hemden, Kleider, Hosen, Schuhe, Hüte, Krawatten, etc., Pappdeckel, Wäscheklammern

Gruppengröße: 6–16 Kinder

Variation:

- Dieses Spiel kann auch als Mannschaftsspiel durchgeführt werden. Welche Mannschaft hat am Ende die meisten Einkäufe tätigen können?
- Stehen viele Exemplare der Kleidungsstücke zur Verfügung, kann auf den jeweiligen Zuruf jedes Kind versuchen, so schnell wie möglich das genannte Kleidungsstück anzuziehen.

Tipps:

- Im Rahmen dieses Spieles lässt sich ein Gruppengespräch anregen, bei dem die Kinder von ihren eigenen Einkaufserfahrungen berichten. Zuhören, Erzählen und Gemeinsamkeiten entdecken fördern den Zusammenhalt.

Zeitungswand

Ein langes Seil oder eine Wäscheleine wird zwischen zwei oder mehreren feststehenden Objekten gespannt. Die Höhe der Schnur wird an die Größe der Kinder angepasst. Diese sollen nun die Zeitungspapiere an der Leine mit Wäscheklammern befestigen und noch darunter herlaufen können. Aus übrigem Zeitungspapier werden Bälle geknüddelt, die als Wurfbälle dienen. Vielfältige Wurfanlässe entstehen: Gegen die Zeitungspapiere werfen, über die Wand, drunter her, durch ein entstandenes „Fenster" hindurchwerfen, usw. Dazu können auch verschiedene Schwämme genommen werden.

Material: Zeitungspapier, Wäscheleine oder Seile, Wäscheklammern, Schwämme, große Bälle, Fahrzeuge

Gruppengröße: 2–25 Kinder

Variation:

- Gerade bei kleineren Kindern lädt die „Zeitungswand" zum Versteckspiel und Hindurchlaufen, aber auch zum Experimentieren mit der Kraft ein. Sie lieben

es, mit den Händen gegen die Wand zu schlagen oder auch an ihr zu reißen und zu ziehen und staunen, welche Reaktionen sie damit hervorrufen.
- Das Durchrollen von großen Bällen oder Durchfahren mit Rollbrettern etc. bietet Anlässe für Bewegungsfreude, Materialerfahrungen und Begegnungen.

Tipps:
- Manchmal genügt es, wenn die Kleinsten die Zeitungsblätter einfach über die Leine hängen bzw. mit alten Holzklammern, die zum Aufstecken gebaut sind, feststecken.

Zapfen schnappen

Auf dem Hallen- bzw. Waldboden liegen Tannenzapfen oder ähnliches Kleinmaterial im Kreis, immer zwei weniger, als SpielerInnen mitmachen. Alle Kinder laufen kreuz und quer um die Zapfen herum. Der/die SpielleiterIn erzählt eine Geschichte. Wenn er/sie „Stopp“ ruft, schnappt sich Jede/r möglichst schnell einen Tannenzapfen und hält ihn hoch. Die SpielerInnen, die ohne Zapfen die Runde beenden, erfüllen eine vorher vereinbarte Bewegungsaufgabe, wie z. B. einmal um die Gruppe hüpfen oder rennen. Danach wird die nächste Runde gestartet.

Material: Zwei Tannenzapfen oder ähnliches Kleinmaterial weniger, wie Kinder mitmachen

Gruppengröße: 2–16 Kinder

Variation:

- In jeder Runde bleibt ein Kind übrig, das dann für die nächste Runde zur Geschichtenerzählerin wird.
- Wem es nicht gelingt, einen Zapfen zu schnappen, darf eine Runde lang gemütlich ausruhen.

Tipps:

- Wenn ältere Kinder sich messen wollen, wechselt das Kind, das keinen Zapfen schnappt, zu einer anderen Station wie z. B. „Zapfenzielwerfen in einen Kreis“. Beim Zapfen schnappen wird bei jedem Durchgang ein Zapfen aus dem Spiel genommen. Wer den letzten Zapfen erwischt, ist ZapfenkönigIn.

Rund und bunt ...

Auf dem Boden werden Pappdeckel verteilt, die eine bunte und eine weiße Seite haben. Die Verteilung wird so vorgenommen, dass gleich viele bunte und weiße Deckel zu sehen sind. Die Kinder werden nun in zwei Gruppen geteilt. Die eine Gruppe möchte nur bunte Pappdeckel sehen, die andere Gruppe nur Weiße. Auf ein Startkommando drehen alle „Weiß liebenden" Kinder die Pappdeckel so um, dass die weiße Seite oben liegt, und die anderen Kinder drehen zur gleichen Zeit so viele Deckel wie möglich mit der farbigen Seite nach oben. Die Spielzeit wird durch ein vorher vereinbartes Signal beendet. Um die Anzahl der weißen und bunten Pappdeckel zu ermitteln, kann die jeweilige Mannschaft ihre Pappdeckel einsammeln und aufeinanderstapeln. Die Höhe der entstandenen Türme kann so einfach verglichen werden.

Material: Viele bunte Pappdeckel mit weißer Unterseite

Gruppengröße: 2–25 Kinder

Variation:

- Für jede vorhandene Farbe kann eine Gruppe gebildet werden, so dass mehrere Parteien gegeneinander antreten.

Tipps:

- Das Spiel kann auch mit einseitig bedruckten Pappdeckeln gespielt werden, wenn keine bunten zur Hand sind.

Lauf-Geschichte

In einem Raum werden unterschiedlichste Alltagsmaterialien auf dem Boden, auf einem Stuhl oder auf der Fensterbank verteilt. Alle Kinder bewegen sich mit der SpielleiterIn durch den Raum. Nun wird eine frei erfundene Geschichte erzählt, in der die ausgelegten Materialien erwähnt werden. Wird ein Gegenstand genannt, soll die ganze Gruppe schnell zu dem jeweiligen Material laufen.

Material: Viele unterschiedliche Alltagsgegenstände wie Zollstöcke, Zeitungen, Teppichfliesen, Pappdeckel, Schwämme, Pinsel, Handtücher, etc.

Gruppengröße: 2–25 Kinder

Variation:

- Der Erste am gesuchten Platz darf die Geschichte weitererzählen.
- Es kann auch eine Lauf-Frage-Antwort-Geschichte gespielt werden. Der/die AnleiterIn stellt verschiedenen Fragen, die zu den Materialien passen und die Kinder laufen schnell an den Platz, wo das als Antwort richtige Material liegt.

„Mit welchem Hilfsmittel bringt ein Lackierer Farbe auf?“, oder „Wo können wichtige Nachrichten nachgelesen werden?“.

- Werden die Gegenstände in unterschiedlicher Anzahl im Raum deponiert, kann der Fokus in der Lauf-Geschichte auch auf Zahlen oder Rechenaufgaben gelegt werden.

Tipps:

- Ansprechendes Alltagsmaterial motiviert die Kinder bei der Sache zu bleiben.
- Die Kinder dürfen Materialien von Zuhause mitbringen.

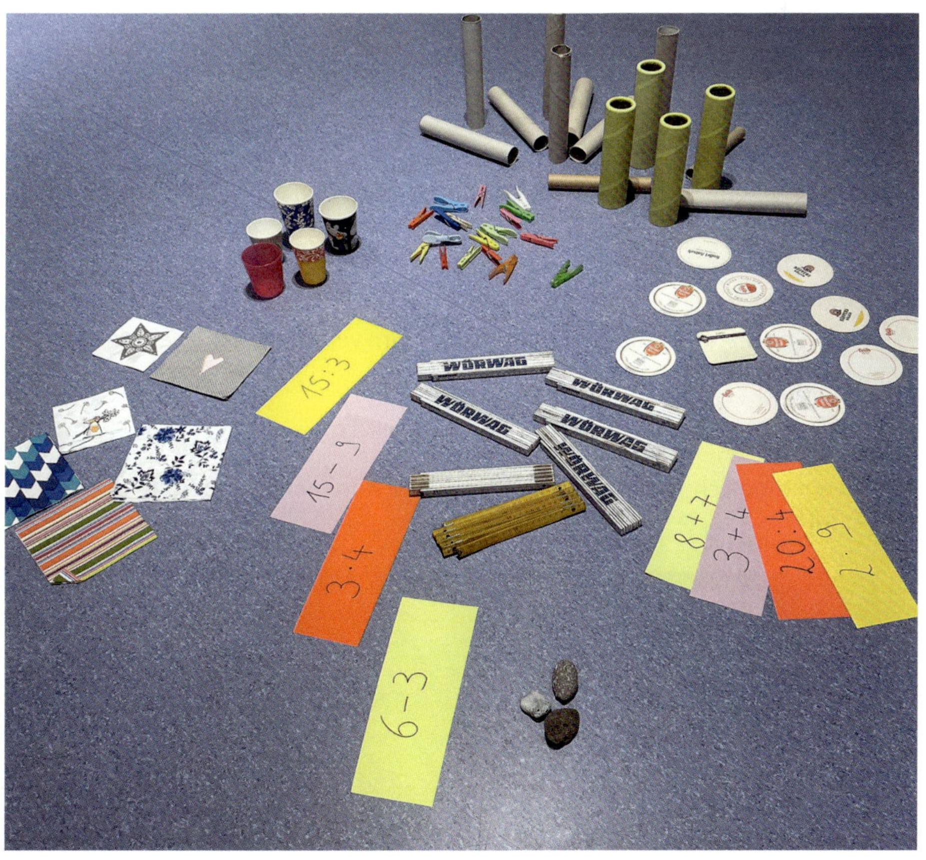

Bewegungsmemory

Je nach Gruppengröße werden verschiedene, paarweise vorhandene Materialien bereitgestellt. So können unterschiedlich farbige Pappdeckel, Klammern, Becher, Naturmaterialien etc. genutzt werden. Einer der beiden Gegenstände wird im Raum versteckt. Die Kinder erhalten jetzt – ähnlich wie beim Memory – einen Gegenstand und suchen im Raum den identischen, um ein Pärchen zu haben. Waren sie erfolgreich, nehmen sie sich einen weiteren Gegenstand und suchen erneut.

Material: Von verschiedenen Materialien (Klammern, Pappdeckel, Becher ...) jeweils zwei

Gruppengröße: 2–25 Kinder

Variation:

- Natürlich können für das Spiel auch nur Memorykarten oder verschiedene Papp- und Bierdeckel verwendet werden.
- Die Kinder fahren Rollbrett und suchen die Paare.
- Die Gruppe wird halbiert und die Kinder der einen Gruppe erhalten jeweils einen Gegenstand, mit dem sie sich im Raum verteilen. Jetzt werden die PartnerInnen gesucht.

Tipps:

- Hat ein Kind Schwierigkeiten mit der Suche, können die anderen Kinder Tipps geben.

Buntes aus der Schublade

Für dieses Bewegungsspiel werden viele, unterschiedliche Papierservietten auseinandergefaltet und im ganzen Raum auf dem Boden verteilt. Alle Kinder laufen um die Servietten herum und schauen sich die unterschiedliche Gestaltung der Servietten dabei an. Der/die AnleiterIn ruft ein Kennzeichen, in dem sich die ausgelegten Servietten unterscheiden. Mögliche Merkmale sind z. B. Farben und Formen (rund, eckig, quadratisch, Blumenform ...), spezielle Aufdrucke (Blumen, Obst, Gemüse, Tiere, ...), Schriftarten (Druck- oder Schreibschrift), Muster (Kreise, Wellen, Zackenlinien, Spiralen, ...), oder einzelne Zahlen und Buchstaben. Die Kinder suchen nun schnell eine Serviette, die die genannte Eigenart erfüllt, und stellen sich zu dieser. Nun werden die erkannten Attribute noch genau benannt, um die Vielfalt der Lösungsmöglichkeiten herauszuarbeiten. Daraufhin beginnt eine neue Runde.

Material: Viele verschiedene Servietten

Gruppengröße: 4–25 Kinder

Variation:

- Das Kind, das am schnellsten eine Serviette mit dem geforderten Merkmal entdeckt hat, ergreift sie und hält sie hoch. Nun kann das Kind ein neues Kennzeichen suchen und benennen und so eine neue Runde starten.

Tipps:

- Ein Spendenaufruf bei Eltern und Kindern ermöglicht eine bunte Mischung des beliebten Tischschmucks. In vielen Haushalten gibt es eine Schublade, in der sich einzelne Servietten finden lassen, die sich unterscheiden.

Waschtag

Bei diesem Bewegungsspiel bilden die Kinder zwei Gruppen. Jede Gruppe erhält die gleiche Anzahl Servietten und Wäscheklammern. Eine Wäscheleine wird in einer für die Kinder erreichbaren Höhe im Raum oder auf dem Außengelände gespannt. Nach dem Startzeichen läuft ein Kind jeder Gruppe mit einer Serviette und zwei Wäscheklammern zur Leine. Dort klammert es die Serviette fest. So schnell es kann läuft es wieder zurück zur Gruppe, damit das nächste Kind starten kann. So schnell wie möglich, sollen alle Wäschestücke aufgehängt werden.

Material: Verschiedene Servietten, Wäscheklammern, Leine

Gruppengröße: 2–25 Kinder

Variation:

- Bei einer großen Gruppe bietet es sich an, Paare oder kleinere Teams zu bilden, so dass viele Kinder gleichzeitig in Bewegung sind.
- Es gibt nur ein Team und die Gruppe versucht die eigene Bestzeit zu unterbieten.

Tipps:

- Falls es möglich ist, sollte die Wäscheleine nicht nur an einem Anfangs- und Endpunkt befestigt werden, sondern je nach Länge durch in der Mitte befindliche Befestigungen unterstützt werden.
- Draußen kann die Leine um Bäume gewickelt werden. Dabei sollte auf den Baumschutz Rücksicht genommen werden.

Spiele auf kleinem Raum – Aktionen am Tisch

Spiele auf kleinem Raum - Aktionen am Tisch

Es gibt viele Momente im Tagesablauf pädagogischer Einrichtungen, in denen Kinder auf kleinem Raum eine Möglichkeit finden wollen, bedürfnisorientiert und spielerisch tätig zu werden. Dabei variieren die kindlichen Interessen und Wünsche von intensiver Bewegung, über Experimentieren und Konstruieren, über Verkleiden und künstlerischem Ausprobieren bis hin zum entspannten Schauen von Bilderbüchern.

Die unterschiedlichen Bereiche eines Gruppenraumes bzw. der zur Verfügung stehenden Räumlichkeiten eröffnen einen Blick auf mögliche Spielsituationen. So kann eine Kuschelecke oder ein Lesesofa vermehrt ruhigere und die Körperwahrnehmung ansprechende Spiele unterstützen, eine Bauecke das Experimentieren mit Gegenständen begünstigen und ein langer, offener Flur zum Erfahren von Beschleunigung und Abbremsen einladen. Kinder suchen einen Ort für die Beschäftigung, die ihnen selber als passend erscheint und nehmen dabei viele unterschiedliche Haltungen, wie Stehen, Sitzen oder Liegen ein. Gerne sind sie auch selber in Bewegung oder bewegen sich mit Gegenständen, wobei sie wunderbar beim Schaukeln ein Bilderbuch anschauen oder einer Geschichte lauschen oder beim Bauen eines Turms fortwährend eine Leiter rauf- und runtersteigen können. Wie und mit welchem Material kann sowohl ein intensives Ausleben von Bewegungsfreude, als auch ein ruhiges, vertieftes Spiel in kleinen Räumen angeregt werden?

Hilfreich ist es, wenn PädagogInnen durch kleine Impulse einfach und unkompliziert kleine Spiele oder spielerische Erfahrungen aus der Tasche zaubern können. Ob bei schlechtem Wetter oder in Übergangsphasen kann das allgegenwärtige Alltagsmaterial an dieser Stelle ein griffbereites und dankbares Hilfsmittel sein.

Aktionen am Tisch

Ein Leitgedanke der Montessori-Pädagogik beinhaltet vor allem bei jüngeren Kindern die „Übung des täglichen Lebens“ mit dem Ziel der Förderung lebenspraktischer Fähigkeiten. Dabei bilden die Eigenständigkeit, das Bestimmen des eigenen Tempos und die Wahl der Herausforderung wichtige Grundsätze. An dieser Stelle haben sich im pädagogischen Alltag sogenannte „Aktionstabletts“ bewährt, die kleine vorbereitete Tätigkeiten mit hohem Herausforderungscharakter für die

Kinder bereitstellen. Denn Maria Montessori erkannte früh, dass sogar die kleinsten Kinder ein Selbstbildungspotential in sich tragen, dem durch eine „vorbereitete Umgebung" Raum gegeben wird und die so selbsttätiges Handeln eröffnet. Durch diese kleinen, vorab gestalteten Spielsituationen, ob auf einem Tablett oder Brett, in einem Korb, einer Kiste oder Wanne, sind die Kinder auf kleinem Raum in der Lage, eigenbestimmt Dinge zu erfahren, zu untersuchen und weiterzuentwickeln. Die Kinder wägen die Möglichkeiten ab, wie sie die angebotenen Materialien in Beziehung setzen und bearbeiten dabei unterschiedlichste Entwicklungsbereiche. Auch in der psychomotorischen Förderung werden den Kindern kleine Angebote gemacht, sich mit unterschiedlichstem Alltagsmaterial und seinem Umgang auseinanderzusetzen und dabei in spielerisch, freudvollem Kontext Wissen anzueignen. Sie fühlen sich dabei selbstwirksam und haben Erfolgserlebnisse durch ihre selbstgesteckten Ziele. Neugierig und kreativ explorieren sie mit dem dargebotenen Material und entwickeln neue Spielideen, auch in Kombination mit unterschiedlichsten Gegenständen, ganz ihren Bedürfnissen und Interessen entsprechend.

Auf die Pappdeckel, fertig, los!

Dieses Spiel lehnt sich an das bekannte kleine Spiel „Haltet das Feld frei!“ an, wird aber auf kleinem Raum gespielt. Zunächst wird mit Kreppband ein Spielfeld bzw. eine Linie auf den Boden geklebt. Nun sitzen in jedem Spielfeld gleich viele Kinder am Boden und haben das Ziel, so schnell wie möglich alle Pappdeckel, die in dem eigenen Feld liegen, in das andere Feld zu schliddern. Es sollte nicht geworfen werden.

Material: Pappdeckel, Kreppband

Gruppengröße: 2–20 Kinder

Variation:

- Zwei Kinder sitzen sich mit gegrätschten Beinen gegenüber. Nun wird ein andersfarbiger Pappdeckel mit Hilfe eines in der Hand gehaltenen Pappdeckels hin und her gestoßen - ähnlich wie bei dem Spiel Airhockey.
- Die Kinder versuchen die Pappdeckel in ein zuvor gebautes Tor zu treffen.

Tipps:

- Es sollte darauf geachtet werden, dass die Pappdeckel in diesem Spiel nicht geworfen werden – auch wenn die runden Pappdeckel gefahrloser sind.
- Besteht ein großes Wurfbedürfnis, sollten Materialien wie Schwämme oder Zeitungsbälle genutzt werden. Alternativ können die Kinder angeregt werden, sich im Raum gefahrlose Ziele zu suchen, die sie mit dem Pappdeckel treffen möchten.

Farbenwege

Bunte Pappdeckel werden gleichmäßig auf einem Spielteppich oder in einem anderen Bereich des Gruppenraums verteilt. Die Kinder platzieren sich um die Pappdeckel herum und überlegen, welchen Weg sie nehmen können, um mit einem anderen Kind den Platz über die Pappdeckel zu wechseln.

Material: Viele bunte Pappdeckel

Gruppengröße: 4–20 Kinder

Variation:

- Zuerst können die Kinder alle Pappdeckel nutzen, um Plätze zu tauschen. So sind sie in der Lage, sich an die bewegte Herausforderung, sich auf den kleinen Unterstützungsflächen gezielt durch den Raum fortzubewegen, zu gewöhnen.
- Dann ist es denkbar, dass jedes Kind für sich entscheidet, welchen Farbenweg es wählt. Ob dieser Weg nur aus drei, zwei oder sogar einer Farbe besteht, kann jedes Kind frei entscheiden.

Tipps:

- Um einen Zugang zur visuellen Wahrnehmung der unterschiedlichen Farbverteilung auf dem Boden zu schaffen, ist es denkbar, dass die Kinder auf Zuruf alle Pappdeckel einer Farbe umdrehen, so dass diese Farbe „verschwindet". So kann das Auge die Veränderung einer oder mehrerer Farben und die Verteilung im Raum genau wahrnehmen.
- Fragen zur Merkfähigkeit der Kinder können gestellt werden: „Welche Farbe wurde zuerst umgedreht?" usw.

Eierpalettenwurf

Jedes Kind erhält eine Eierpalette und einen bunten Pompon oder einen Tischtennisball. Nun versucht es, den Ball mit Hilfe der Palette in die Luft zu werfen und wieder zu fangen. Natürlich kann aus der Idee ein gemeinsames Werf- und Fangspiel entstehen, wenn die Kinder sich den Pompon oder Tischtennisball hin und her werfen oder sogar im Kreis oder in der Reihe weitergeben.

Material: Je eine Eierpalette pro Kind, verschiedenfarbige Pompons, Tischtennisbälle, aus buntem Papier geknüddelte Bälle, etc.

Gruppengröße: 1–25 Kinder

Variation:

- Die Vertiefungen der Eierpalette können in unterschiedlichen Farben angemalt werden, so dass der Fänger versuchen kann, einen farbigen Pompon im entsprechenden Farbfeld zu platzieren.

Tipps:

- Die Größe der Palette und das Wurfmaterial sollte an das Können der Kinder angepasst werden. Weiche Pompons motivieren selbst kleine Kinder, sich im Werfen und Fangen auszuprobieren.

Schwämmebad

Viele verschiedene Schwämme werden in ein kleines Kinderplanschbecken, in einen großen Wäschekorb oder in einen Karton gelegt. So entsteht auf Anhieb ein Anreiz für die Kinder, in das Behältnis zu steigen und „abzutauchen“. Sie spüren den sanften Druck der Schwämme und die verschiedenen Oberflächen, wenn sie sich vorsichtig bewegen und mit den Schwämmen spielen.

Material: Viele verschiedene Schwämme, größere, nicht zu hohe Behältnisse wie Wäschekörbe, Kartons, Planschbecken etc.

Gruppengröße: 1–4 Kinder

Variation:

- Im Schwämmebad kann ein ganz besonderer Schatz, z. B. ein goldener Glitzerschwamm, versteckt sein, der gesucht wird.
- Die Schwämme werden nach Merkmalen geordnet, z. B. Farben, Formen oder welche Schwämme finde ich in der Küche, welche im Bad oder in der Garage?

Tipps:

- Außerdem können die Kinder mit den Schwämmen Türme, Mauern und Gebäude bauen und durch Verbinden der Schwämme mit Nadel und Faden oder Klebstoff Fahrzeuge, Tiere, Puppen, etc. erschaffen.

Schwammbilder

Verschiedene Schwämme werden in einem Reifen oder auf einem Teppich zu einem Muster oder Bild gelegt. Große, bildliche Vorlagen können den Zugang erleichtern. Die Auseinandersetzung mit den Schwämmen lässt die Kinder kreativ werden. Schwämme sind auch in den ästhetischen und gestalterischen Lernfeldern ein tolles Hilfsmaterial. Schwämme bieten die Möglichkeit, reliefartige Kunstwerke anzufertigen, indem auch Schwämme gestapelt werden.

Material: Viele, verschiedene Schwämme, mögliche Umrandungen wie Reifen, Seile, Teppiche, Stöcke etc., Form- und Bildvorlagen

Gruppengröße: 1–6 Kinder

Variation:

- Kleingruppen können unterschiedliche Formen legen und dann mit Schwammstraßen verbinden.

Tipps:

- Unterschiedliche Schwämme findet man z. B. in Haushaltsgeschäften, Drogerie- und Baumärkten.

Schatzsuche

In einem Bereich des Gruppenraumes, auf einem Tisch oder Kasten werden verschiedene Pappröhren aufgestellt. Alle Kinder drehen sich um oder halten sich die Augen zu, so dass sie die Röhren nicht mehr sehen können. Der/die SpielleiterIn oder ein Kind versteckt kleine bunte Schätze (z. B. Luftballons, Muggelsteine) in einigen Pappröhren. Nun können die Kinder umhergehen und unauffällig schauen, wo die „bunten Schätze" versteckt worden sind. Dabei soll es möglichst still sein und keinerlei Anzeichen von Entdeckungsfreude gezeigt werden, so dass man den anderen den Ort des Schatzes nicht verrät. Von einer Seite aus startet nun immer ein Kind, das sich gemerkt hat, in welcher Papprolle ein Ballon versteckt ist, zielstrebig zu dieser Pappröhre und hebt sie direkt hoch. Kommt ein Schatz zum Vorschein, darf dieser mitgenommen werden. Ansonsten bekommt das Kind eine neue Chance oder Hilfe von der Gruppe.

Material: Pappröhre, kleine Luftballons oder Muggelsteine

Gruppengröße: 2–10 Kinder

Variante:

- Die Kinder können zeigen und beschreiben, in welcher Papprolle sie einen Schatz vermuten oder sie beratschlagen gemeinsam, in welchem Papprohr ein „Schatz“ zu finden ist.

Tipps:

- Die Suche nach den „Schätzen“ kann mit Hinweisen oder Nachfragen begleitet werden.

Säckchen spüren

In einer Kiste oder in einem Korb befinden sich einige Säckchen oder Socken, die mit den verschiedensten Alltags- und Naturmaterialien befüllt sind. Die Kinder versuchen, spezifische Unterschiede zu erfühlen und zu beschreiben. Auch können sie Unterschiede im Gewicht herausfinden. Nun setzen oder legen sie sich gemütlich hin. Ein anderes Kind bedeckt vorher abgesprochene Körperteile mit den Säckchen. Das liegende Kind überlegt nun, auf welchem Teil seines Körpers das schwerste und/oder das leichteste Säckchen liegt.

Material: Verschieden befüllte Säckchen, Socken (z. B. mit Reis, Kirschkernen, Sand, Steinen, Kastanien, etc.)

Gruppengröße: 2–10 Kinder

Variation:

- Die Kinder können versuchen, die ertasteten Inhalte möglichen Materialfotos zuzuordnen.
- Basteln einer Fühlschlange aus einzelnen Socken.

Tipps:

- Die eingefüllten Produkte sollten sich vor allem durch ihr Gewicht unterscheiden, jedoch auch durch ihre Oberfläche, die sich beim Ertasten oder Auflegen eindrücklich wahrnehmen lassen. Auch Größenunterschiede sind als Eigenschaft gut durch einen dünnen Stoff zu erspüren.

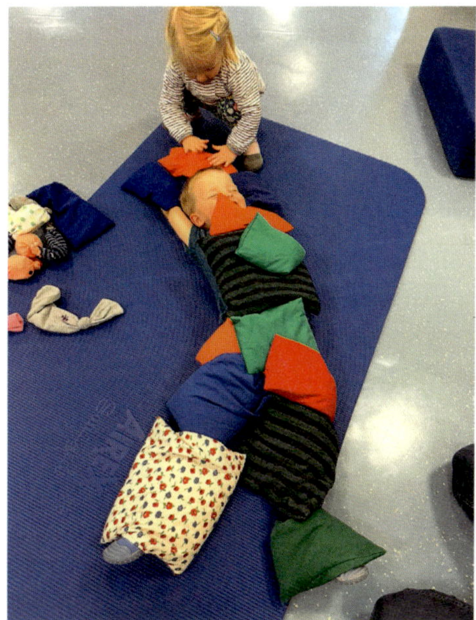

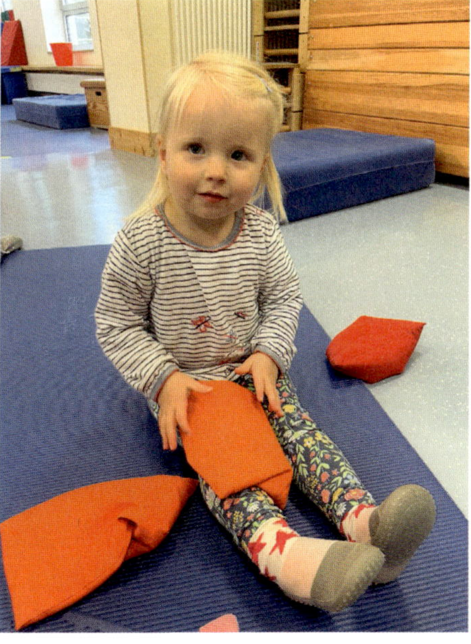

3 Steine gewinnt

Auf ein größeres Papier wird ein Spielfeld gezeichnet, bestehend aus einem Quadrat, das von je zwei senkrechten und zwei waagerechten Linien unterteilt wird. Auf diese Weise entstehen neun gleich große Felder. Zwei Spieler bekommen je drei Steine, die jeweils die gleiche Farbe haben. Abwechselnd setzen die Spieler ihre Steine auf das Spielfeld, mit dem Ziel, drei Steine in einer waagerechten, senkrechten oder diagonalen Reihe nebeneinander zu platzieren. Liegen alle Steine auf dem Spielfeld ohne dass dieses Ziel bereits erreicht wurde, werden die Steine nacheinander so lange von Feld zu Feld gezogen, bis einer die Dreierreihe erreicht hat oder die Mitspieler sich auf ein Unentschieden einigen.

Material: Je 3 gleichfarbige Steine, Papier, Stift, Kreide, Seile, Teppichfliesen, Pappdeckel, etc.

Gruppengröße: 2–8 Kinder

Variation:

- Diese Spielidee ist auch auf einem größeren Feld am Boden mit Pappdeckeln oder draußen, in einem mit Kreide auf den Boden aufgemalte Spielfeld, durchzuführen.

Tipps:

- Auch Kleingruppen können dieses Spiel gegeneinander spielen. Das Spielfeld müsste dann mehr Felder aufweisen.

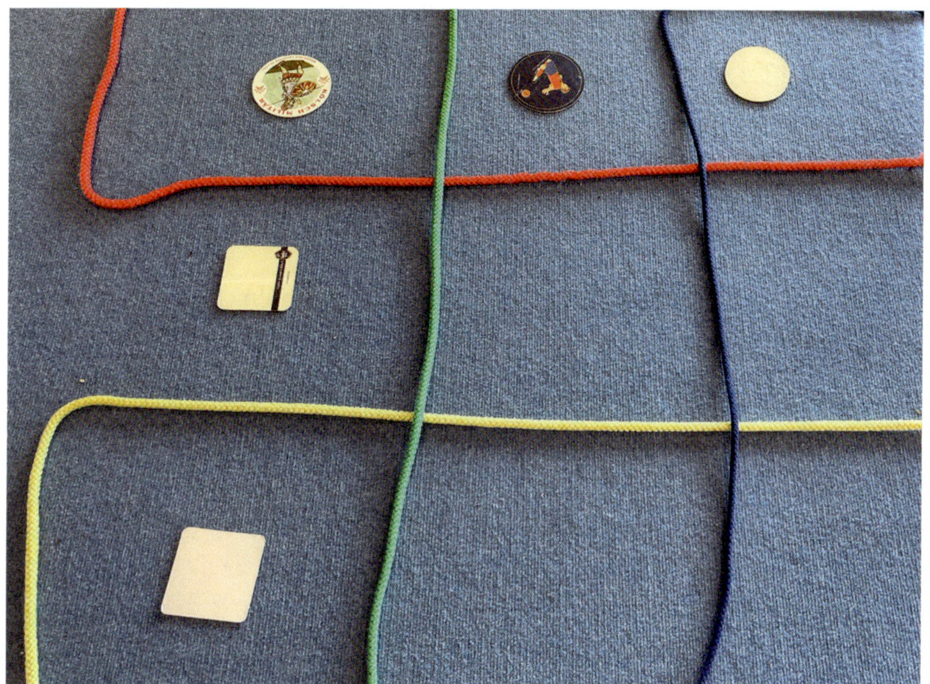

Insekten im Rapssamen

Fühlwannen sind altbewährte, beliebte Anlässe, den Händen einen besonderen taktilen und kinästhetischen Wahrnehmungsraum zu schaffen. Eine Kiste mit Rapssamen gefüllt wird auf eine kleine Decke auf einem Tisch bzw. auf den Boden gestellt. In der Kiste sind unterschiedliche Insekten versteckt, die es gilt zu erfühlen und herauszuholen.

Material: Kiste mit Rapssamen gefüllt (ca. 8–10 cm Füllhöhe), verschiedene Plastikinsekten, Sandtiere, Pinzetten etc.

Gruppengröße: 2–4 Kinder

Variation:

- Mit Hilfe von Bildern der Insekten können die Kinder die Tiere zuordnen.

Tipps:

- Das Erfühlen bestimmter Gegenstände, die sich in ihren ertastbaren Qualitäten unterscheiden, schult die Wahrnehmung und spornt die Kinder an.
- Für besonders sensible Kinder können Pinzetten aller Art den Zugang zum Spiel ermöglichen. Durch diese Hilfsmittel können diese Kinder sich dem besonderen Material in ihrem Tempo annähern und selber entscheiden, wann und wie sie ihre Hände im direkten Erkunden einsetzen.

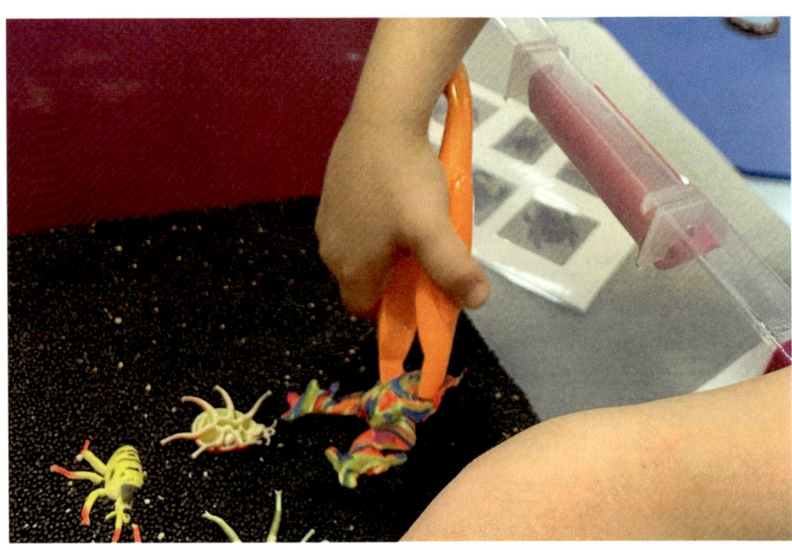

Tastmemory

Die Kinder haben die Möglichkeit, unterschiedliche Materialien kennenzulernen, die auf der Innenseite von Deckeln befestigt sind. Wenn die Materialien es möglich machen, können die Deckel so gedreht werden, dass das aufgeklebte Material nicht mehr zu sehen ist, sondern nur die Oberseite des Deckels. Nun können die Kinder nach den bekannten Regeln Memory spielen.

Material: Viele Deckel mit unterschiedlichen, aber paarweise vorkommenden Materialien, großes Tablett, großes Tuch

Gruppengröße: 1–10 Kinder

Variation:

- Die Deckel können so gelegt werden, dass die verschiedenen Materialien nach oben schauen. Nun werden die Deckel mit einem blickdichten Tuch bedeckt. Jetzt kann ein Tastmemory gespielt werden, bei dem die Kinder versuchen, mit den Händen die Paare unter dem Tuch zu finden.

- Die Deckel können mit beliebig aktuellem Material versehen werden, wie z. B. Zahlen und Buchstaben. Daraus können sich Frage- und Antwortspiele entwickeln.

Tipps:
- Zu Beginn ist es ratsam, nur wenig und bekanntes Material anzubieten.
- Unsere Praxis hat gezeigt, dass manches Material sich wieder löst und aufbereitet werden muss, auch wenn starker Bastel- oder Heißkleber verwendet wird.

Massagekiste

In einer Kiste oder einem Korb werden Massagegegenstände aller Art angeboten. Die Kinder sollen nun freudig erproben, wie die Dinge sich anfühlen, was sie unterscheidet und worauf beim Gebrauch zu achten ist. Sie können so für sich herausfinden, welches Massageutensil sie am liebsten mögen. Nun können die Kinder sich während einer Ruhezeit selbst oder gegenseitig mit ihren liebsten Massagegeräten eine angenehme Körpermassage zukommen lassen.

Material: Verschiedene Massageutensilien wie ein Waschhandschuh, Duschschwamm, Kopfmassagebürste, Massageroller, Igelball, Vibrationskäfer, Massageringe, Federpinsel, ...

Gruppengröße: 1–6 Kinder

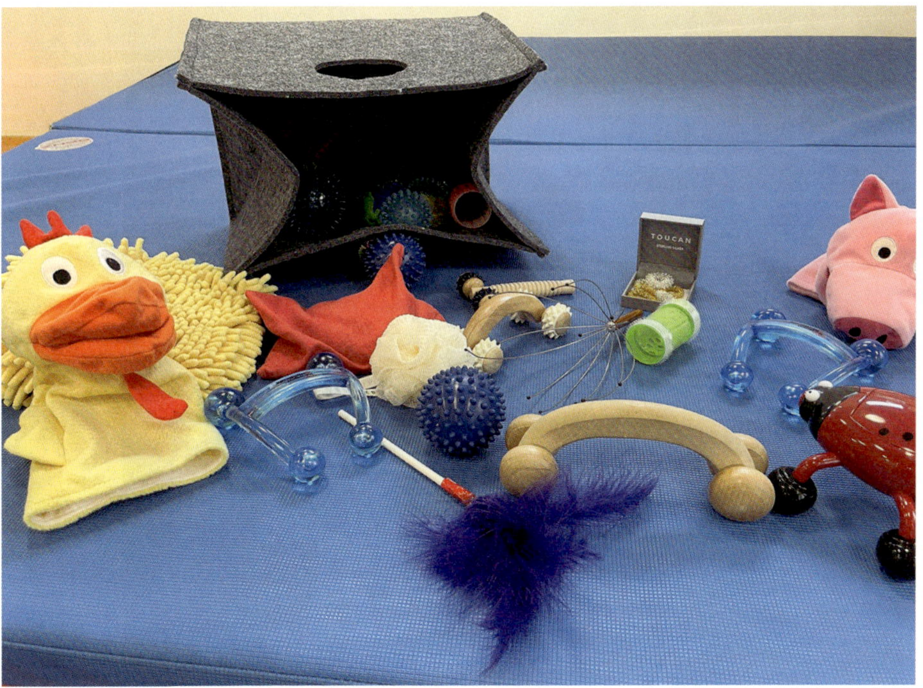

Variation:

- Es wird eine Massagestation bzw. Massageecke geschaffen, die die Kinder paarweise aufsuchen dürfen.

Tipps:

- Für die selbsttätige Auseinandersetzung mit dem Massagematerial kann es hilfreich sein, Fotos beizulegen, auf denen der Gebrauch der Gerätschaften deutlich und kindgerecht zu sehen ist.

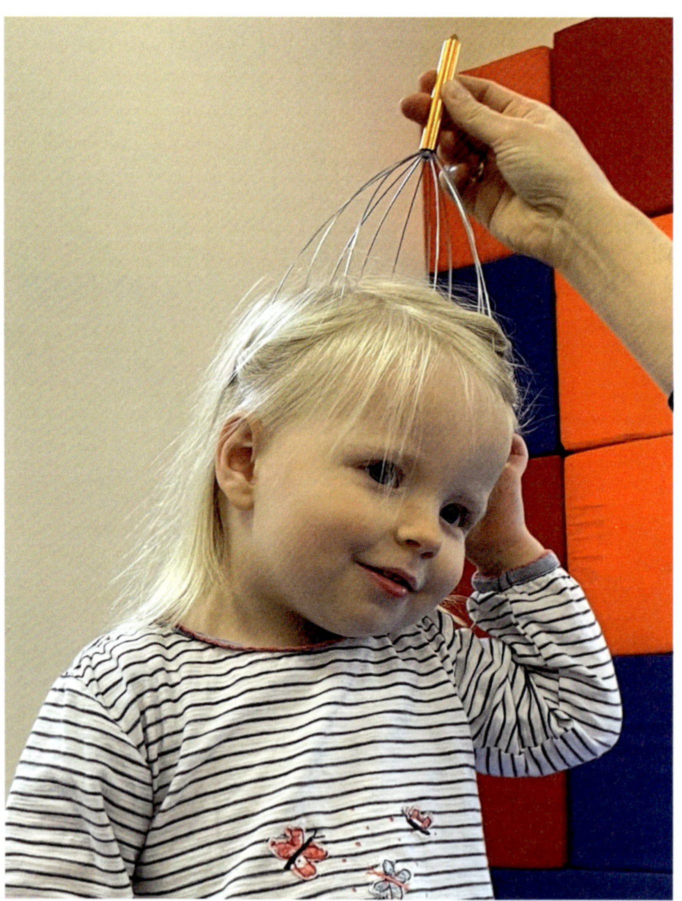

Magnetspaß

Viele verschiedene Magnete, die in Dosen und Behältern untergebracht sind, laden die Kinder ein, sich spielerisch mit dem physikalischen Phänomen Magnetismus auseinanderzusetzen. Außerdem ergeben sich Sortierspiele wie auch die Möglichkeit zum Geschichtenerfinden.

Material: Verschiedene Dosen und Behälter, Magnete aller Art

Gruppengröße: 1–6 Kinder

Variation:

- Vorbereitete Oberflächen, die das Sortieren nach bestimmten Vorgaben wie z. B. Farben oder Formen anregen, können hinzugefügt werden.
- Zusätzlich können im ganzen Raum magnetische Oberflächen gesucht werden.
- Der Forschergeist der Kinder kann durch das Untersuchen verschiedener Materialien, die in die Fächer eines Setzkastens gefüllt werden, ermuntert wer-

den. Mit einem starken Magnet kann so von oben über der Plexiglasscheibe überprüft werden, welche Materialien magnetisch sind.

Tipps:

- Je jünger die Zielgruppe ist, desto größer sollten die Magnete sein.

Lustiges Schrauben und Drehen

Auf einem Tablett oder Brett sind einige verschiedene Dosen und Behälter montiert, aber auch lose in einem Körbchen zu finden. In manchen Dosen werden unterschiedliche Kleinmaterialien aufbewahrt, die die Kinder dazu anregen, die Deckel zu öffnen und mit den Schließmechanismen der Behälter zu experimentieren.

Material: Verschiedene Dosen und Behälter, Kleinmaterial

Gruppengröße: 1–6 Kinder

Variation:

- Die Untergründe, auf denen die Dosen und Behälter befestigt sind, können auch fest an einer Stelle im Gruppenraum oder Flur installiert sein. Kleine Kinder lieben es, im Stehen zu hantieren und zu experimentieren. Das Schrauben, Drehen und Ziehen kann so an niedrigen Tischen, in Nischen oder auch an Schrägen erfahren werden.

Tipps:

- Für kleine Kinder sind die ersten Erfahrungen mit Schrauben und Ziehen leichter zu machen, wenn die Dosen fest auf einem Untergrund angebracht sind. So können sie sich erstmal auf die feinmotorischen Fertigkeiten einer Hand konzentrieren und sich eventuell mit der Anderen halten oder stützen.

Einsteckdosen

In die Deckel verschiedener Dosen werden Öffnungen geschnitten, durch die die Kinder unterschiedliches Material in die Dosen stecken können. Das Material kann in kleinen Körbchen auf einem Tablett mit den Dosen oder in einer Kiste angeboten werden.

Material: Verschiedene Dosen und Behälter mit im Deckel befindlichen Öffnungen, Kleinmaterial

Gruppengröße: 1–6 Kinder

Variation:

- Auch große, bunt gestaltete Kisten mit verschiedenen Öffnungen können zum Einstecken einladen.

Tipps:

- Das Einsteckmaterial kann auf die jeweiligen Bedürfnisse und Interessen der Kinder, aber auch den Jahreszeiten und Lernthemen entsprechend angepasst werden.

Pfeifenputzerfädelei

Bei dieser Aufgabe erhalten die Kinder Pfeifenputzer und Siebe. Nun versuchen sie, Pfeifenputzer durch Öffnungen in verschiedensten Behältnissen zu stecken.

Material: Bunte Pfeifenputzer, Siebe, Körbe etc.

Gruppengröße: 1–6 Kinder

Variation:

- Zusätzlich kann noch Material zum Auffädeln angeboten werden, wie Holzperlen, aber auch Nudeln etc.
- Auch dickere Schnüre, Bänder oder Seile sind zum Durchstecken, Weiterfädeln und Herausziehen geeignet.

Tipps:

- Die Enden der Pfeifenputzer sollten mit einer Zange vorsichtig umgebogen und verzwirbelt werden. So entstehen keine spitzen Enden, an denen der Draht herausschaut.

Zeitungsbalance

Dieses kleine Kunststück hat schon Jonny Kiphard gern durchgeführt und Kinder zum Nachmachen angeregt. Jedes Kind erhält ein Zeitungblatt bzw. ein Zeitungsdoppelblatt und versucht dieses zu balancieren. Dies gelingt gut, wenn das Blatt zwischen Zeigefinger und Daumen an einer Ecke festgehalten wird und auf der Diagonalen der Zeitung Spannung entsteht. Diese wird durch eine S-förmige Biegung des Zeitungspapiers erzeugt. Erfahrungsgemäß benötigen die Kinder ein paar Minuten zum Experimentieren.

Material: Zeitung

Gruppengröße: 1–25 Kinder

Variation:

- Der Schwierigkeitsgrad kann erhöht werden, indem die Zeitungsecke mit der flachen Hand oder in der Fortbewegung balanciert wird.

Tipps:

- Durchzug sollte vermieden werden.

Wie groß bin ich?

Jedes Kind soll herausfinden, wie es die Spannweite der Arme bzw. seine Körpergröße abmessen kann. Mit Hilfe eines Partners und vier Papprollen geht es ganz leicht. Einer legt sich rücklings auf den Boden und spreizt die Arme waagerecht zur Seite ab. Der Partner nimmt nun die Papprollen und stellt eine an die rechten und die andere an die linken Fingerspitzen seines Partners auf. Dann wird eine noch am Kopf und an den Füßen platziert.

Material: Papphröhren, für jedes Kind mindestens zwei

Gruppengröße: 2–25 Kinder

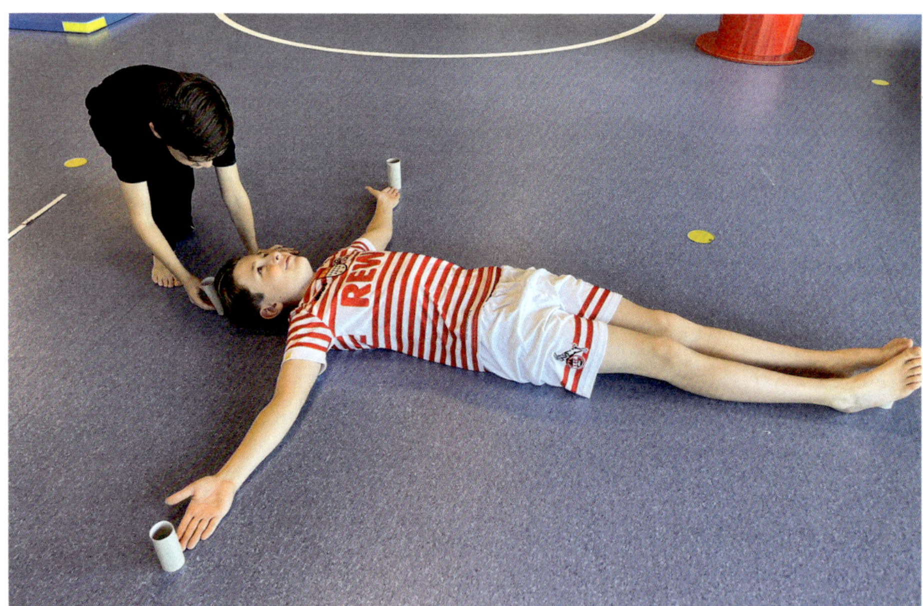

Variation:

- Geschickte Kinder schaffen die Abmessungen auch schon allein.
- Passen die Kinder auch von Kopf bis zum Fuß in den Abstand der Papprollen von Fingerspitze zu Fingerspitze? Hier kann erlebend vermittelt werden, dass die Spannbreite gleich der Körpergröße ist.
- Mit Hilfe von Zollstöcken messen die Kinder nach.

Tipps:

- Dieses experimentelle Spiel ermöglicht den Partnern ein intensives Gespräch. Die/der AnleiterIn kann bei Bedarf mit Vermittlungen und Lösungsvorschlägen helfen.

Kastanien im Karton

Sammeln und Sortieren von Kastanien faszinieren viele Kinder. Wir stellen den Kindern zusätzlich noch Eierpappen zur Verfügung, in die sie ihre Kastanien legen können. Natürlich dürfen sie den Karton auch komplett füllen oder Rechtecke, Dreiecke oder Buchstaben legen. Eine große Herausforderung ist es, wenn sie weitere Kastanien auf die Höcker legen.

Die Kinder sollten Zeit haben, mit diesen Materialien zu spielen und eigene Lösungen zu finden.

Material: Kastanien, Eierpappe je Kind

Gruppengröße: 1–10 Kinder

Variation:
- Die Kastanien werden aus der Distanz geworfen und sollen in den Pappen liegen bleiben.
- Die Kastanien werden mit andere Kleinmaterialien kombiniert, die Kinder gern sortieren.

Tipps:
- Die Kastanien trocknen – dies kann auch in den Pappen geschehen.

Bauen mit Alltagsgegenständen und Naturmaterialien

Bauen mit Alltagsgegenständen und Naturmaterialien

Die kindliche Bautätigkeit wird in der Regel mit Bausteinen wie Kapla oder Lego, mit unterschiedlichen Murmelbahnen oder den vielen bunten, technisch ausgeklügelten Bauspielen verbunden. Ausdrücklich wünschen wir allen Einrichtungen hier eine gute Ausstattung. Dass Bautätigkeiten auch mit Alltagsgegenständen und Naturmaterial wunderbar umsetzbar sind, wollen wir hier zeigen.

Kaum hat die Mutter ein paar bunte Becher zu einem Turm gestapelt, strahlt der kleine Noah und sorgt mit einer Handbewegung für einen donnernden Einsturz ...

Die Lust, kleine Türme gezielt umzustoßen, zeigen schon einjährige Kinder. Die Fähigkeit und der Wunsch sie aufzubauen, entwickelt sich erst später. Kindliche Entwicklung verläuft sehr individuell und entsprechend zeigen sich auch beim Bauen sehr vielfältige Ausdrucksformen. Trotz dieser Tatsache beschreibt der Schweizer Professor für Kinderheilkunde Largo auf der Grundlage seiner Studien einige allgemeine Entwicklungsschritte kindlicher Bauaktivität. In ihrem Spielverhalten zeigen Kinder zunächst das sogenannte „Inhalt-Behälter-Spiel“, bei dem Gegenstände (z. B. Würfel in Schachtel) ineinander gelegt werden. Danach stapeln die Kinder Bauklötze oder andere Gegenstände zunächst vertikal. Sie finden heraus, wie sie bauen müssen, damit ihre Konstruktion nicht umfällt. Mit ca. zwei Jahren beginnen sie mit dem horizontalen Bauen, indem sie Bausteine oder andere Gegenstände aneinanderlegen. Wenig später wird das Bauen in vertikaler und horizontaler Ebene verbunden, z. B. zu sehen bei einer Treppenkonstruktion. Daraus entwickelt sich zwischen dem dritten und fünften Lebensjahr die Fähigkeit, die drei Dimensionen des Raumes zu verbinden, wenn z. B. Züge oder Autos nachgebaut werden. Auch wenn die Ausprägung und der Zeitpunkt dieser Bauaktivitäten bei Kindern variieren, bleibt die Abfolge dieser Spielaktivität gleich. „In unseren Studien haben wir bei allen Kindern nur diese eine Abfolge des jeweiligen Spielverhaltens beobachtet. Es kam beispielsweise nie vor, dass ein Kind mit 12 Monaten Türme bauen, aber erst mit 18 Monaten mit Behältern und deren Inhalt umgehen konnte““ (Largo 2010, S. 323). Die frühen Objektspiele, bei denen Kinder die Materialien und ihre Eigenschaften erkunden, indem sie z. B. Bauklötze fallen lassen oder sie gegeneinander klopfen, schaffen eine Grundlage für spätere Bautätigkeiten, bei denen sie mehr oder weniger zielstrebig dreidimensionale Spielprodukte herstellen.

Das Bauspiel hat eine lange Tradition und gehört zu der häufigsten Form des Spiels. Schon der Begründer des Kindergartens, Friedrich Wilhelm August Fröbel (1782-1852) hat die Bedeutung und den Wert des Bauspiels für die kindliche Entwicklung gesehen und beeinflusst mit der Entwicklung seiner Baugaben 3–6 bis heute das Baumaterial des Kindergartens. Seine Gedanken zum Bauen haben bis heute Bestand, auch wenn die Materialien und die Themen des Spiels sich entwickeln und verändern.

Auch wenn wir heute eine Vielfalt von Baumaterialien und Bauspielen erwerben können, lassen sich auch mit Alltagsgegenständen und Naturmaterialien spannende Erfahrungen machen. Hier liegt der Fokus in diesem Buch.

Bauen als Prozess

Der individuelle Zugang zu den Dingen ist (nicht nur) beim Bauen entscheidend. Es gibt nicht das eine „richtige" Material und nicht nur die eine „richtige" Lösung. Das eigene Experimentieren mit den Dingen und die Vielfalt der Lösungen sind das Herausfordernde und Spannende. Natürlich freuen sich die Kinder, wenn sie ihr gewünschtes Bauwerk in die Tat umsetzen können. Aus pädagogischer Sicht

stehen das Spiel und der Bauprozess im Vordergrund, und nicht ein vorher festgelegtes Produkt. Wir Erwachsene neigen dazu, die Lernwege und Erfahrungen der Kinder abkürzen zu wollen, indem wir zeigen, wie es „richtig" geht oder festlegen, was die Kinder bei ihrer Tätigkeit lernen sollen. Kreative Lösungen entstehen dabei selten. Experimentieren Kinder mit den Materialien, sind sie in der Regel nicht so festgelegt und es entsteht Neues und Unkonventionelles.

ErzieherInnen können Bau- und Konstruktionstätigkeiten begleiten, indem sie den individuellen Entwicklungsstand und die Stärken eines Kindes wahrnehmen und ihm entsprechendes Material oder passende Spielsituationen anbieten und ihm Raum für „Fehler" geben. Wenn die Kinder von heute die Welt von morgen gestalten wollen, werden sie neue kreative Lösungen finden müssen. Eine Lernkultur, in der „der Fehler" seinen Platz hat, ist hier von Nöten.

> *„Kreative Leute machen ständig neue Fehler. Dumme wiederholen ständig die gleichen."*
>
> *(Spiegel/Selter)*

Freiraum und Anleitung

Die pädagogische Grundfrage, wie viel Offenheit und wie viel Struktur bzw. wie viel Freiraum und wie viel Anleitung Kinder benötigen, ist auch beim Bauen grundlegend.

Hier gilt zunächst: Um dem komplexen Geschehen beim Bauen gerecht zu werden, brauchen Kinder Zeit und Freiraum, Ruhe und Ungestörtheit.

Erwachsene Bezugspersonen schaffen Räume und stellen Material zur Verfügung. Sie halten sich mit Ratschlägen oder gar Veränderungsvorschlägen zurück und greifen ein, wenn ein Kind Hilfe wünscht oder eine Gefährdung für die Kinder selbst oder ihre unmittelbare Umgebung zu befürchten ist. Ansonsten wird den Aktivitäten der Kinder viel Raum gegeben, damit sich originelle Ideen und kreative Projekte entwickeln können.

Natürlich ist es ideal, wenn eine Erzieherin von der Sache begeistert ist und sich auch mit dem Material beschäftigt und etwas baut. Dies kann durchaus positiven Einfluss auf die Motivation von Kindern haben.

Gemeinsame Erlebnisse, aktuelle Themen, vorgelesene Geschichten, Fotos oder Bilderbücher können Kinder zu neuen Bauaktivitäten motivieren (vgl. Beins/Klee 2020).

Bauen und Zerstören

Bei kaum einer kindlichen Tätigkeit ist der Wechsel vom Aufbauen und Zerstören so eng verknüpft, wie beim Bauen. Während kleine Kinder eine große Lust empfinden, die Türme, die Erwachsene ihnen bauen, umzuwerfen, entsteht bei älteren Kindern eine große Spannung, wenn sie selbst den Turm an der Grenze zum Einsturz bauen. „Da das Kind ... letztlich das Einstürzen herbeiwünscht, ist die Vernichtung gewissermaßen der Höhepunkt und Endpunkt eines Handlungsablaufes“ (Oerter 1999, S. 199). Das Kind erfährt einerseits die physikalischen Gesetzmäßigkeiten der Schwerkraft. Es erlebt auch seine eigene Macht, indem es etwas schafft und zerstört. Auch kann mit dem vorhandenen Material nur etwas Neues entstehen, wenn die alten Werke zerstört werden. Der Wechsel vom Aufbauen und Zerstören hat also eine wichtige Funktion im Spiel der Kinder. Im pädagogischen Alltag wird es zumeist problematisch, wenn die Kinder Bauwerke der Andern zerstören. Solche Konflikte lassen sich nicht ausschließen, können aber Anlässe für Gespräche mit den Kindern bieten und dazu beitragen, dass gemeinsame Regeln ausgehandelt werden.

Pappdeckel auf wackeligem Untergrund

Dieses Spiel ist einfach, aber wirkungsvoll. Die Kinder nehmen sich Papp- oder Bierdeckel, die sie zu einem Turm stapeln. Ab einer bestimmten Höhe wird der Turm wackelig. Jetzt werden die Pappdeckel von den Mitspielern nacheinander aufgelegt. Der Turm wird so hoch gebaut, bis er umfällt.

Für ältere Kinder kann das Bauen noch spannender gestaltet werden, wenn auf einer kleinen Fläche oder einem wackeligen Untergrund gestapelt wird. Hier dient z. B. ein Luftballon auf einer Dose als Basis.

Material: Pappdeckel bzw. Bierdeckel, als Untergrund Luftballon oder Dose

Gruppengröße: 1–12 Kinder

Variation:
- Auf dem Luftballon wird großflächig gestapelt.
- Klassische Kartenhäuser entstehen mit rechteckigen Pappdeckeln.

Tipps:
- Ein Turm in der Mitte ist eine mögliche Aktivität, um die Pappdeckel, die im Raum verteilt liegen, zu sammeln.

Bauen mit Bechern und Pappdeckeln

Die Kombination aus Plastikbechern und Pappdeckeln ermöglicht vielfältige Konstruktionen. Idealerweise experimentieren die Kinder mit dem Material und finden eigene Lösungen.

Mit Hilfe der Pappdeckel können auch jüngere Kinder die Becher gut in die Höhe bauen. Nicht selten bauen sie hohe Türme und lassen sie dann mit einem rollenden Ball oder künstlichem Wind einstürzen.

Material:

- Bunte (Plastik)Becher oder Garnrollen, Pappdeckel (Bierdeckel)

Gruppengröße: 1–12 Kinder

Variation:

- Werden die Pappdeckel durch CDs oder Tortenplatten aus Pappe ersetzt, entstehen neue, größere Gebilde.

Tipps:

- Bauen mehrere Kinder gleichzeitig, benötigen sie ausreichend Material und Platz.

Klammerkunstwerke

Inzwischen gibt es neben der guten, alten Holzklammer eine Vielfalt an Klammern mit unterschiedlichen Farben und Formen. Diese lassen sich nicht nur für klassische Klammerklau-Spiele verwenden, sondern auch zum Bauen.

Vielfältige Gebilde entstehen, wenn die Kinder Klammern zusammenfügen. Eine Sonne oder Tiere können das Motiv sein oder es werden freie Formen geschaffen. Bei Schulkindern entstehen auch Zahlen, Buchstaben oder geheime Zeichen, sobald die Kinder ihre Freude daran entdecken.

Material: Klammern, Pappdeckel, Spielkarten

Gruppengröße: 1–12 Kinder

Variation:

- Die Klammern lassen sich auch gut mit anderen Materialien, wie Pappdeckeln, Spielkarten oder Schnüren, kombinieren.

Tipps:

- Die Kunstkunstwerke ausstellen und/oder fotografieren.
- Die Klammern halten länger, wenn die Kunstwerke wieder auseinandergeklammert werden, bevor sie in der Kiste landen.

Zauberpalme

Zur Vorbereitung der Zauberpalme werden zunächst 2-3 Zeitungsblätter so nebeneinandergelegt, dass sie sich leicht überlappen. Für Kinder ist es hilfreich, wenn sie zusammengeklebt werden. Nun werden die Zeitungsblätter zu einem Stab aufgerollt, durch den man wie durch ein Fernrohr schauen kann. Anschließend wird dieser Stab von oben bis zur Mitte so eingeschnitten, dass 4 gleiche Streifen entstehen. Jetzt werden die Streifen der mittleren Zeitung vorsichtig nach oben gezogen und schon ist die berühmte Zauberpalme entstanden.

Material: Tageszeitungen, Scheren, Kleber

Gruppengröße: 1–25 Kinder

Variation:

- Wird nach der Fertigstellung der Palme das untere Ende einige cm umgeknickt und festgedrückt, entsteht ein wunderbares Wurfgerät, das recht stabil aber nicht gefährlich ist. Die Kinder können es durch den Raum oder auf ein Ziel werfen oder für ihr Rollenspiel nutzen.

Tipps:

- Mobil im Spiel „Zauberpalme“

https://www.youtube.com/watch?v=RHRtmZNl9ok

Indoor-Bumerang

Dieser Bumerang fliegt auf kleinem Raum zum Werfer zurück und ist ungefährlich. Er wird aus einem mittelgroßen Partyteller hergestellt, indem ein Kreuz (ca. 3 cm breit) mit vier gleichen Enden gezeichnet und dann ausgeschnitten wird.

Wenn jüngere Kinder selbst zeichnen, ist ein fertiger Bumerang als Schablone, die auf den Teller gelegt wird, hilfreich. Anschließend wird der Bumerang bemalt und schon ist ein spannender Indoor-Bumerang fertig. Mit etwas Übung, einem geraden Wurf und guter Rotation kommt er zum Werfer zurück.

Material: Mittelgroße Partyteller, Buntstift, Scheren

Gruppengröße: 1–25 Kinder

Variation:

- Als Alternative werden zwei Pappstreifen in der Mitte zu einem Kreuz zusammengeheftet und zu einer Seite gebogen.

Tipps:

- Mobil im Spiel „Indoor-Bumerang"

https://www.youtube.com/watch?v=V8iol3y7QlA

Konstruktionen mit Zollstöcken

Ein Zollstock, auch Meterstab oder Gliedermaßstab genannt, ist für Kinder ab 4 Jahren ein spannender Alltagsgegenstand. Wenn Kinder mit Zollstöcken spielen, messen sie nicht selten mit ernster Miene alles aus, auch wenn sie die Zahlen noch nicht lesen können. Sie bauen sich ihre Handys und Funkgeräte und telefonieren miteinander.

Kinder sind besonders stolz, wenn Zelte oder Häuser entstehen. Zwei in der Mitte geklappte Zollstöcke werden zu einem „Indianerzelt" mit vier gleich langen Stützen. Auf einer Wiese oder einem Teppich steht das Zelt stabiler, als auf einem glatten Untergrund. Natürlich kann das Zelt auch mit leichten Tüchern, Klammern und Pappdecken noch bunt gestaltet werden.

Material: Je Kind ein Zollstock, der auseinander geklappt genug Stabilität hat, evtl. Klammern, Pappdeckel, Tücher

Gruppengröße: 1–25 Kinder

Variation:

- Die Kinder experimentieren mit den Zollstöcken und anderen Materialien wie Wasserkästen oder großen Holzbausteinen.

Tipps:

- Erfahrungsgemäß spenden Eltern gern einige Zollstöcke, wenn die Bitte mit einem schönen Foto (z. B. ein Kind im Zollstockzelt) gestaltet wird.
- Bei kleinen Kindern zunächst kurze 1 Meter Zollstöcke benutzen.

Bauen mit Papier

Der Bau von Burgen, Türmen oder Häusern aus Papier ist ohne Klebstoff nicht gut vorstellbar. Deshalb ist es besonders spannend, wenn diese Kunstwerke entstehen.

Um zu beginnen, bedarf es einer gewissen Vorbereitung. Ein DIN-A4-Blatt ist zum Bauen im dreidimensionalen Raum erst einmal sehr instabil. Um die notwendige Stabilität zu erhalten, falten wir DIN-A4-Blätter mit Hilfe einer besonderen Falttechnik dreimal. Diese Leporello- oder Zickzackpfalztechnik verleiht dem einzelnen Blatt eine gute Stabilität, sodass wir auf unser aufgestelltes Stück Papier ein normales Blatt Papier oder Tortenpappen auflegen können. Nun wird die nächste Etage gebaut.

Sind die gefalteten und losen Blätter vorbereitet und liegen in entsprechenden Boxen oder Schuhkartons bereit, kann sofort gebaut werden. Kinder gehen in der Regel mit dem Baustoff Papier sehr vorsichtig um und lassen, je nach Alter und Bedürfnis, kleine und große Gebäude entstehen.

Material: Ca. 200 Blatt DIN-A4-Papier (100g), Tortenpappe

Gruppengröße: 1–25 Kinder

Variation:

- Sobald die Burg fertiggestellt ist, kann sie mit Spielfiguren belebt werden

Tipps:

- Wenn man das Papier nicht falten möchte, kann man es sich auch in Druckereien und manchmal in Kopiershops falzen lassen.

Spielen mit Pappröhren

Papprohre oder Versandrohre unterschiedlicher Größe und Stärke regen Kinder schnell zum Experimentieren an. Sie können sie im Raum aufstellen und sich dann zwischen den „Säulen“ bewegen, ohne sie zu berühren. Mit Tennis- oder Plastikbällen, die in die schräggestellten Rohre geworfen werden, entstehen kleine Ballbahnen.

Wenn eine leichte Turnmatte als Dach auf stabile Versandrohre gelegt wird, entsteht eine neue Herausforderung. Hier können die Kinder z. B. einen Weg durch die Säulen krabbeln oder gehen, ohne dass das Gebäude einstürzt. Kleine Kinder lieben es, ein Papprohr mit Bällen zu füllen (ideal sind die leichten, bunten Bälle aus einem Bällebad) und es dann hochzuheben, so dass die Bälle unten hinaus rollen können.

Material: Ideal sind mindestes 10–20 stabile, aber nicht zu schwere Papprohre, Bälle

Gruppengröße: 1–25 Kinder

Variation:

- Die Papprohre werden aufgestellt und wie bei einer „Wurfbude“ mit Tennisbällen umgeworfen.
- Die Papprohre liegen nebeneinander auf dem Boden und eine Turnmatte darauf. Die Kinder legen sich auf dieses kleine Schiff und werden hin und her gerollt.

Tipps:

- Mit bunter Klebefolie sehen die Papprohre attraktiver aus und werden zudem noch weiter stabilisiert.

Karton City

Kartons von großen, elektronischen Geräten oder ausrangierte Umzugskartons bieten viele Spiel- und Bauanlässe. Schnell entstehen kleine oder große Türme oder Gebilde. In einen großen Karton lassen sich Türen oder Fenster sägen oder schneiden. Er kann bunt angemalt werden und schon haben die Kinder ihr Haus. Besonders schön wird es, wenn viel Platz vorhanden ist und eine Stadt aus Kartons entsteht. Aus kleinen Kartons entstehen Gänge, durch die die Kinder zum nächsten großen Haus gelangen können.

Material: Einige große Kartons, Sägen, evtl. Farben, Malkittel, Folie als Unterlage

Gruppengröße: 1–12 Kinder

Variation:

- 2–4 Rollbretter und eine stabile Turnmatte bilden die Grundlage für ein Wohnmobil, d.h. das Haus wird auf dieser Unterlage gebaut.

Tipps:

- Die Kartons benötigen viel Platz, so dass die Spielaktionen zeitlich geplant und begrenzt werden sollten.

Bücherkarton

Bücherkarton

BANANAS OF COLOMBIA
PREMIUM QUALITY
COBANA
BANANAS OF ECUADOR
GOLDEN

PREMIUM SELECTION
BIO
GOLDEN
fruidor
COBANA
fruidor
PREMIUM QUALITY

COBANA
fruidor

PREMIUM BANANAS
PREMIUM BANANAS
BANANAS OF COLOMBIA
COBANA
SURINAME BANANAS
fruidor

Die Bewegungsbaustelle – klassisch

Auf der klassischen Bewegungsbaustelle (vgl. Miedzinski/Fischer 2009) bekommen die Kinder Reifen, Schläuche, Bretter, Holzklötze und stabile PVC-Röhren zur Verfügung gestellt. Sie bauen sich selbständig kleine Bewegungslandschaften und probieren diese im Spiel aus. So entstehen Brücken, Stege, Wippen in unterschiedlicher Höhe, deren Überwindung kleine Abenteuer sind. Die Kinder fordern gegenseitige Hilfen für den Transport der Materialien oder beim Überqueren der Konstruktionen. Durch das selbsttätige Handeln machen die Kinder ihre Erfahrungen, was geht und was nicht geht und übernehmen Verantwortung für ihr Handeln. Die Erzieherin oder Lehrerin ist dann gefordert, sobald Kinder ihre Hilfe wünschen oder wenn sie sich offensichtlich gefährden.

Material: Stabile, gehobelte Bretter, 6-10 Autoreifen, große Schläuche z. B. von alten Traktoren, Holzklötze, PVC-Röhren, Wasserkästen

Gruppengröße: 2–12 Kinder

Variation: –

Tipps:

- Haben die Kinder wenig Erfahrung mit der Bewegungsbaustelle, sollten die Erwachsenen den Prozess enger begleiten, ohne die Aufbauten zu bestimmen.

Starke Steine

Steine unterschiedlicher Größe und Form sind bei Ausflügen in die Natur beliebte Sammelobjekte von Kindern. Sie ertasten die Form und die Oberflächenbeschaffenheit, spüren das Gewicht und bewundern die Farben. Die Steine lassen sich aber auch in andere Bauspiele integrieren. Die Möglichkeiten sind vielfältig, so können Zahlen, Buchstaben oder Bilder gelegt werden. Viele Kinder mögen es, vorhandene Formen und Bilder mit Steinen auszulegen oder am Boden liegende Steine werden mit ihren Spielzeugautos umfahren. Faszinierend aber recht schwierig ist es, einen Turm, eine Mauer oder ein Bauwerk entstehen zu lassen.

Material: Steine unterschiedlicher Größe und Form

Gruppengröße: 2–25 Kinder

Variation:

- Mit Hilfe einer Heißklebepistole werden kleine Steinfiguren gebaut.
- Mit den Steinen wird ein liegender Körper nachgelegt.

- Goldgräber-Sandkasten: Unterschiedliche Steine werden bunt und funkelnd angemalt. Diese Steine werden im Sandkasten gut vergraben. Nun suchen die Goldgräber mit Sieben, Eimern, Rechen und Schaufeln nach Schätzen.

Tipps:

- Rundgeschliffene Steine lassen sich z. B. an Flüssen finden.

Wurf- und Schießbuden

Jeder kennt das klassische Dosenwerfen, bei dem Blechdosen mit dem Tennisball abgeworfen werden. Kinder mögen dieses Spiel bis heute und sind hoch motiviert, zu werfen und die Dosen anschließend wieder aufzubauen. Die Kinder bestimmen selbst, wie sie die Dosen aufbauen und wählen auch den Abstand. So sammeln sie ihre Erfahrungen, wann sie am besten treffen und bestimmen selbst den Schwierigkeitsgrad. Die Grundidee „Wurfbude" können die Kinder vielfältig variieren, wenn sie die Materialien dazu haben.

Material: Tisch, Blechdosen, alternativ Garnrollen, Plastikbecher oder -flaschen, Tennisbälle

Gruppengröße: 2–6 Kinder

Variation:

- Plastikflaschen werden mit Wasserballons oder Sandsäckchen umgeworfen.

Tipps:

- Die Regeln absprechen bzw. aushandeln: Z. B. wer die Dosen aufbaut, darf auch werfen ...
- Diese Aufgabe als eine Station neben anderen anbieten.

Kugelbahn Outdoor

Sobald im Außengelände oder einem Waldstück ein Hügel bzw. eine Fläche mit Gefälle vorhanden ist, lassen sich tolle Kugelbahnen bauen. Zunächst werden vorhanden Materialien (z. B. Äste, Steine, Seile, Autoreifen ...) gesammelt. Dann planen die Kinder, wie die Bahn verlaufen soll und legen die Begrenzungen so, dass die Kugel den Weg durch die Bahn nehmen kann. Das Gefälle, der Untergrund und auch das Gewicht der Kugel bzw. des Balles sind entscheidende Faktoren. Mit Reifen oder Steinen können die Kugeln gut umgelenkt werden. Bei viel Schwung können auch kleine Hindernisse überwunden werden und die Kugel könnte im Ziel in einem Karton oder Eimer aufgefangen werden.

Material: Bocciakugeln, Bälle, Seile, Äste, Steine ...

Gruppengröße: 1–6 Kinder je Bahn.

Variation:

- Künstliche Schrägen lassen sich auch in der Turnhalle mit Bänken, Kästen, etc. herstellen, so dass auch hier eine Bahn gebaut werden kann.

Tipps:

- Zunächst die Bocciakugel ohne Bahn bzw. Begrenzung laufen lassen und schauen, welchen Weg sie nimmt.

Nestbau

Auf dem Boden wird ein Holzreifen platziert. Nun werden viele Korken auf der Kreisbahn aufgestellt, so dass von oben erneut ein Reifen aufgelegt werden kann. Wird dies mehrfach wiederholt, entsteht eine erhöhte Umrandung.

Material: Korken, Zeitungspapierschnipsel, Holzreifen, Plastikeier

Gruppengröße: 1–10 Kinder

Variante:

- Sind einige Reihen in die Höhe gebaut worden, kann eine Spielidee entstehen, bei der es darum geht, immer einen Korken zu entfernen, ohne dass der Reifenturm zusammenfällt.
- Der Innenbereich des Kreisturms kann als Nest oder Gesicht etc. gestaltet werden.
- Sind mehrere niedrige Reifentürme entstanden, kann in Bewegung erprobt werden, wie das Hinein- und Heraussteigen aussehen könnte.
- Statt der Korken werden Dosen genutzt.

Tipps:

- Zum Experimentieren kann auch anderes Stützmaterial wie z. B. Papprollen oder Pappbecher ins Spiel gegeben werden.

„Stapelkind" – Bauen auf dem Rücken, Arm, Knie ...

Das Bauen auf dem Körper der PartnerIn oder dem eigenen Körper hat einen besonderen Reiz, da die Eigenbewegungen, z. B. durch die Atmung, eine Labilität erzeugen, die nicht immer gut berechenbar ist. So lassen sich Pappdeckel auf dem Rücken der liegenden PartnerIn zu kleinen oder großen Türmen stapeln, die anschließend verbunden werden.

Spannend ist es auch, wenn die Kinder versuchen, sitzend auf den eigenen Beinen und Knien kleine Türme zu stapeln.

Material: Pappdeckel

Gruppengröße: 2–25 Kinder.

Variation:
- Als Baumaterial werden Schwämme verwendet.
- Ältere Kinder können Pappdeckel auf den Armen, Schultern und dem Kopf der PartnerIn stapeln. Die Stapelkinder bewegen sich anschließend so im Raum, dass die Türme möglichst lange halten.

Tipps:
- Junge Kinder finden es auch motivierend, wenn die SpielleiterInnen sich hinlegen und die Kinder auf ihrem Rücken bauen dürfen.

Kunstwerke aus Eierpappen

Eierpappen aus Recyclingpapier lassen sich günstig erwerben, gut stapeln und im Spiel vielfältig einsetzen. Werden je Lage ein paar Bälle aus dem Bällebad eingelegt, entsteht schnell ein hoher bunter Turm.

Beim Kunstwerkebau eröffnen wir den Kindern mit mindestens 10 Eierpappen pro Person und Klammern die Möglichkeit, Kunstwerke, Möbelstücke oder Häuser zu gestalten. Es entstehen immer wieder neue Werke – die Kleinsten stapeln die Pappen, die Großen bauen ein Sofa …

Material: Eierpappen, Klammern, evtl. Kleinmaterialien oder bunte Bälle

Gruppengröße: 1–10 Kinder

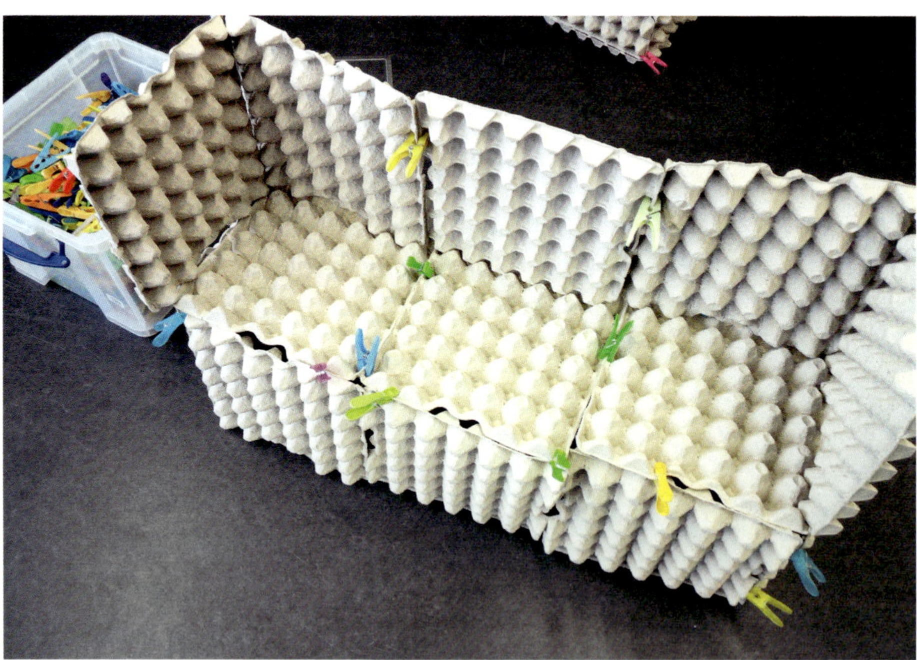

Variation:

- Aus den Pappen wird ein Tunnel gebaut, durch den Bälle gerollt oder mit dem Hockeyschläger gespielt werden.

- Die Kinder können auch Spielzeugautos durch den Tunnel fahren lassen.

Tipps:

- Gebrauchte Eierpappen sind aus hygienischen Gründen nicht immer gewünscht – die Pappen lassen sich aber günstig erwerben.

Der Clown

Zunächst sprechen wir mit den Kindern darüber, wer schon mal einen Clown oder eine Clownin gesehen hat und wie diese Clowns aussehen. Dabei werden häufig die rote Nase, die großen Schuhe und die bunte Kleidung benannt. Jetzt stellen wir den Kindern einige vorhanden Alltagsmaterialien wie Schwämme, Klammern, Pappdeckel, etc. zur Verfügung und geben ihnen die Aufgabe, gemeinsam einen großen Clown zu legen. Bei jüngeren Kindern kann auch gemeinsam mit Seilen eine Körperform geschaffen werden, die dann gestaltet bzw. verändert wird.

Material: Schwämme, Klammern, Zeitungen, Pappdeckel, Seile ...

Gruppengröße: 1–10 Kinder

Variation:

- Natürlich sind auch andere Motive denkbar, wie z. B. ein Piratenschiff mit Segel.

Tipps:

- Es ist hilfreich, wenn die Kinder die einzelnen Materialien schon kennen und wenn sie damit zuvor schon kleine Bilder gelegt haben.

Indianerzelt bauen

Zelte, Buden und Höhlen üben auf viele Kinder eine große Faszination aus. Sie sind Rückzugsräume und können in vielfältiger Weise gestaltet werden. Unser „Indianerzelt" kann drinnen oder draußen gebaut werden. Wir benötigen dazu einige stabile aber nicht zu schwere Äste, die mit Hilfe der SpielleiterIn als Zeltstangen aufgestellt und oben mit einer Schnur zusammengebunden werden. Diese Konstruktion bildet die Grundlage für unser Zelt, das nun mit Stoffresten oder Decken verkleidet wird, bis es vollständig geschlossen ist. Das Zelt kann noch eingerichtet werden oder es dient als Ausgangspunkt für weitere Versteck- oder Fangspiele.

Material: 3–4 stabile Äste, Decken oder Stoffreste, Schnur

Gruppengröße: 1–6 Kinder

Variation:

- Für eine Höhle im Innenraum reicht es auch manchmal, wenn zwei Tische zusammengeschoben werden und die Kinder Decken oder große Tücher darüberlegen.

Tipps:

- Diese Station ist für Spielfeste besonders gut geeignet.

Entspannen mit alltäglichen Dingen

Entspannen mit alltäglichen Dingen

In der heutigen Zeit verbringen Kinder jeden Alters viele Stunden eines Tages in den unterschiedlichsten pädagogischen Einrichtungen. Währenddessen erleben sie zahlreiche soziale Kontakte und Aktivitäten innerhalb und außerhalb von Krippe, Kita und Schule. Spielerisch kreative und eigenständige Phasen und Momente der Besinnung sind in unserer stressgeplagten und hektischen Lebenswelt eher selten. Obwohl die Bedeutung und Notwendigkeit von Auszeiten zur Regeneration und Erholung bei Pädagogen und Eltern bekannt sind, ist die Einbettung in den Alltag der Kinder und das Vorleben seitens der Erwachsenen schwierig umzusetzen.

Was ist wichtig zu beachten?

Gerade das Berücksichtigen individueller Bedürfnisse scheint zur besonderen Herausforderung zu werden, wenn es z. B. darum geht, die „Mittagsruhe" oder stillere Tagesabschnitte umzusetzen. Hier gilt es, vielseitige Zugänge zu schaffen und Übergänge zu nutzen, um die Kinder in leisen Tagesphasen zu begleiten, in denen sie entspannt zur Ruhe kommen. Diese Übergangsphasen, sowie die ruhigen Tätigkeiten selber, dienen zur Erholung und Entspannung und lassen sich durch Alltags- und Naturmaterialien individuell und vielseitig gestalten. Der Umgang mit Material und ritualisierten Sprüchen oder gesprochenen Texten ist bedeutend für einen sanften Wechsel zwischen Spielen und Entspannen, zwischen Ausprobieren und Erholen. Es werden selbstbestimmte Momente eröffnet, in denen die Kinder sich mit dem bewussten Wahrnehmen und Empfinden ihres Körpers und dem achtsamen Umgang mit sich, mit dem Material und mit Anderen auseinandersetzen können.

Kindgemäßer Zugang und Vorgehensweisen

Kindliche Entspannung ist nicht gleichzusetzen mit „Schlafzwang", sondern vielmehr mit der Möglichkeit, aktiv bewegt, mit dem Wechsel von Anspannung und Entspannung und den damit verbundenen körperlichen Auswirkungen, den eigenen Körper zu spüren. „Von der Bewegung zur Ruhe" und „von der Anspannung zur Entspannung" sind hilfreiche Methoden, um Kindern den Zugang zu grundlegenden Entspannungsfähigkeiten zu ermöglichen. Alltagsmaterialien ermöglichen Berührungen ohne direkten Körperkontakt und setzen dabei der Fantasie keine Grenzen. Die kreative Entstehung kindlicher Vorstellungsbilder unterstützt die körperlichen und emotionalen Erlebnisse. Wahrnehmungs- und Aufmerksamkeitslenkungen durch interessantes und bekanntes Material lässt die Kinder motiviert und konzentriert bei der Sache sein.

Eine Übersicht über kindgerechte Entspannungsmethoden liefert die Einteilung von Quante (2003). Hier werden kindgemäße Entspannungsaspekte in folgende Praxisbereiche geordnet: Bewegte Entspannung, Wechsel von Anspannung und Entspannung, Berührungen, Konzentration auf den Körper, Fokussierung sowie Wahrnehmung und Vorstellungsbilder.

Systematische Entspannungsverfahren
(wie z. B. Progressive Muskelentspannung, Autogenes Training)

Entspannungsgeschichten
(thematische Geschichten, Entspannungsgeschichten und längere Fantasiereisen mit Anteilen des Autogenen Trainings)

Fantasiereisen
(z. B. „Schaukeln“, „Am Strand“)

Kindgemäße Massagen
(z. B. „Obstkuchen“, „Autowaschanlage“)

Spielerische Massagen mit Medien
(z. B. Igelballmassagen mit Pieksi)

Wahrnehmungsspiele und einfache Stilleübungen
(z. B. Spiele mit Pappdeckeln und Sandsäckchen, Sinnesspiele)

Spiele zum Wechsel von An- und Entspannung
(z. B. „Schlafzauberer“, „Musikzauberei“)

Abb. Entspannungstreppe (Quante 2003, S. 29)

Entspannte Momente überall

Der Einsatz der Spiel- und Wahrnehmungsideen ist an den verschiedensten Orten denkbar: Draußen im Freigelände, in der Natur oder im Ruhe- oder Bewegungsraum, im Sitz- und Stuhlkreis oder am Tisch im Gruppenraum.

Die äußeren Rahmenbedingungen können das Gelingen positiv beeinflussen. Die Gestaltung der Räumlichkeiten kann auf die Aufmerksamkeit der Kinder einwirken, ebenso wie Geräusche von außen. Je nach Bedarf und individuellen Bedürfnissen können ein Abdunkeln des Raumes, eine Duftlampe oder leise, ruhige Musik Möglichkeiten darstellen, den Zugang zu Ruhezeiten zu erleichtern und diese in den Alltag einzupflegen. Hier ist eine feinfühlige Reizsetzung grundlegend, um eine Überforderung von sehr sensiblen Kindern zu vermeiden.

Rolle der Pädagogen

Neben den räumlichen Voraussetzungen spielen die Persönlichkeit und die Haltung der Begleitperson und die Beziehung zu den Kindern in entspannten Momenten eine wichtige Rolle für die Umsetzung. Für eine authentische Durchführung ist das Verhalten der Anleiterin mitentscheidend, da auch ihre individuelle Stimmungslage Einfluss auf die Kinder nimmt. Möglichst natürlich, ohne Übertreibungen und Hektik sollten die Aktionen moderiert werden. Ein ruhiger und freundlicher Klang der Stimme und eine einfache Gestik und Mimik können besinnliche Pausen eröffnen.

Die im Anschluss aufgeführten Spielideen zur ruhigen Auseinandersetzung mit sich, mit den Materialien und mit den InteraktionspartnerInnen sind nicht als Übungsabfolge gedacht. Vielmehr sind sie auf die jeweiligen Situationen und Bedürfnisse der Kinder anzupassen und mit den – angemessenen Vorschlägen aus den anderen Schwerpunkten zu kombinieren.

Bürstenraten – Was berührt mich da?

Die Kinder sitzen gemeinsam in einem Kreis, in dessen Mitte viele, verschiedene Bürsten liegen. Zusammen wird ein Teil des Körpers benannt, das mit einer Bürste gestreichelt werden soll. Nun wird entschieden, ob die Spielleiterin oder ein Kind die kleine Erlebnismassage durchführen soll. Alle schließen nun die Augen und warten auf das Erlebnis der überraschenden Berührung. Die Masseurin bewegt die Bürste bei jedem Kind über ein ausgewähltes Körperteil und legt dann die Bürste zurück.

Nun öffnen alle Kinder die Augen und versuchen gemeinsam herauszufinden, welche Bürste der Masseur benutzt hat. Dabei sollen möglichst vielfältige Umschreibungen der einzelnen Eigenschaften der Bürsten formuliert werden. Wie genau hat sich die Berührung angefühlt? Woran genau habt ihr die Bürste erkannt?

Material: Möglichst viele verschiedene Bürsten, wie z. B. Schuhbürste, Haarbürste, Pferdestriegel, Kleiderbürste, Flaschenbürste, Nagelbürste, Babybürste, ...

Gruppengröße: 2–16 Kinder

Variation:

- Kleinere Kinder wählen zwischen zwei oder drei Bürsten eine aus, die sie berührt hat.
- Bei einem Bürstenspiel wird ein Tuch oder eine Decke über alle Bürsten gelegt. Wer kann mit den Händen eine Zahnbürste, Nagelbürste etc. heraussuchen?

Tipps:

- Sinnvoll ist es vorher mit den Kindern, die Unterschiede der Bürsteneigenschaften zu besprechen und den Kindern die

Möglichkeit zu geben, jede Bürste einmal in die Hand zu nehmen und an sich auszuprobieren.

Mobil im Spiel „Bürstenspiel“

https://www.youtube.com/watch?v=RcCJqqiS38E

Hundefriseur

Im Rollenspiel von Kindern ist es nicht ungewöhnlich, dass sie Tiere sein wollen und diese mit viel Fantasie darstellen. Dieses Thema wird in dem folgenden Spielimpuls aufgegriffen. Das Fell aller Tiere muss von Zeit zu Zeit gebürstet werden. Meistens stehen die Tiere bei dieser Pflege ganz still, da sie die Streicheleinheiten sehr gerne mögen. Die Bürsten reinigen die Tiere und man kann Kontakt zu ihnen aufnehmen. Einer bürstet den ganzen Körper des Tieres ab und der andere spielt das Tier. Natürlich kann das Tier seine Empfindungen über vorher vereinbarte Tierlaute und Tierbewegungen seinem „Pfleger" mitteilen.

Material: Verschiedene Arten von Bürsten (Schuhbürste, Pferdestriegel, Nagelbürste, Babyhaarbürste, Kleiderbürste, Flaschenbürste, ...)

Gruppengröße: 2–16 Kinder

Variation:

- So eine Pflegestation lässt sich wunderbar als Element in eine Bewegungslandschaft einbauen. Sowohl ein Betreuer, als auch ein Kind kann diese Station besetzten.
- Genauso ist es bereichernd, wenn eine schöne Bürstenkiste in der Gruppe oder im Klassenraum frei zur Verfügung steht. So können sich die Kinder bedürfnisorientiert mit dem sensorisch interessanten Material beschäftigen.

Tipps:

- Je vielfältiger die Auswahl der Bürsten ist, umso motivierter und ausdauernder bleiben die Kinder in der taktilen Erkundungssituation.
- In einem Wäschenetz lassen sich die Bürsten gut in der Waschmaschine reinigen.

Waschstraße

Der Klassiker „Waschstraße" kann in vielen Variationen durchgeführt werden. Hier ein Beispiel: Zunächst werden zwei Mattenbahnen so gegenübergelegt, dass zwischen den langen Kanten eine Gasse entsteht, durch die ein in Bauchlage auf einem Rollbrett liegendes Kind hindurchfahren kann. Alle Kinder suchen sich Malerrollen und eventuell andere Massagegeräte, und setzen sich dann auf die Matten mit dem Blick in Richtung Gasse. Ein Kind spielt auf einem Rollbrett liegend ein spezielles Fahrzeug, das nun langsam durch die Waschstraße fahren möchte. Bei Einfahrt benennt der „Fahrer" seinen Fahrzeugtyp, wählt ein Waschprogramm und zahlt für die Autowäsche einen imaginären Geldbetrag. Nun fährt das Kind langsam mit seinem Rollbrett durch die Gasse und wird dabei von Kopf bis Fuß von den Rollen, Bürsten, Tüchern etc. gereinigt, getrocknet und poliert.

Material: Verschiedene Malerrollen, (eventuell auch Bürsten, Pinsel, Schwämme, Tücher etc.)

Gruppengröße: 6–16 Kinder

Variation:

- Natürlich hat nicht jeder Platz für eine lange Waschstraße. Alternativ ist auch eine Waschanlage denkbar, in die ein Auto einfährt, zum Waschvorgang anhält und erst nach getaner Wäsche wieder herausrollt.
- Wenn keine Rollbretter vorhanden sind, können die Kinder auch krabbeln.

Tipps:

- Falls die Kinder mit dem Anschieben des Rollbrettes überfordert sind bzw. Schwierigkeiten haben, ein angemessenes Tempo zu wählen, kann das Rollbrett mit Hilfe eines Seiles durch die Gasse gezogen werden.

Walzenfahrer Willi

Bei diesem Spiel handelt es sich um eine Partnermassage mit möglichst großen Malerrollen zum Thema „Straßenbau". Um einen ebenen Straßenbelag zu verlegen, ist es entscheidend, dass der Untergrund gut gewalzt wurde. Ein Kind liegt bäuchlings auf einem angenehmen Untergrund. Der Partner bewegt nun die Malerrolle bzw. die "Straßenwalze" über den Körper des liegenden Kindes. Dabei kann die Tätigkeit sprachlich begleitet werden, indem der Ausführende die Bereiche beschreibt, die planiert werden, wie z. B. ein kleiner Anstieg, ein Hügel, ein Parkplatz oder ein langes Straßenstück.

Material: Unterschiedlichste Malerrollen aus dem Baumarkt (Rollengröße und ihre Oberfläche)

Gruppengröße: 2–12 Kinder

Variation:

- Gerade für jüngere Kinder kann eine sprachliche Begleitung sinnvoll sein. Hier hat sich in der Praxis die kleine Geschichte vom Walzenfahrer Willi Salze bewährt:

„Walzenfahrer Willi Salze, der liebt seine Straßenwalze. Er liebt dieses Fahrzeug sehr, fährt den ganzen Tag umher. Fährt mal langsam, fährt mal schnell, rollt auch manchmal auf der Stell'. Fährt mal hin und fährt mal her, fährt mal kreuz und fährt mal quer. Fährt die Straße rauf und runter. Fährt zu seinem Freund, dem Gunther. Besucht damit die Großmama und natürlich Großpapa. Fährt erst in der Nacht nach Haus. Nun ist die Geschichte aus." (Bläsius 2008, S. 56)

Tipps:

- Außerdem kann zur Anregung entsprechendes Bildmaterial aus Büchern etc. zu Hilfe genommen werden.

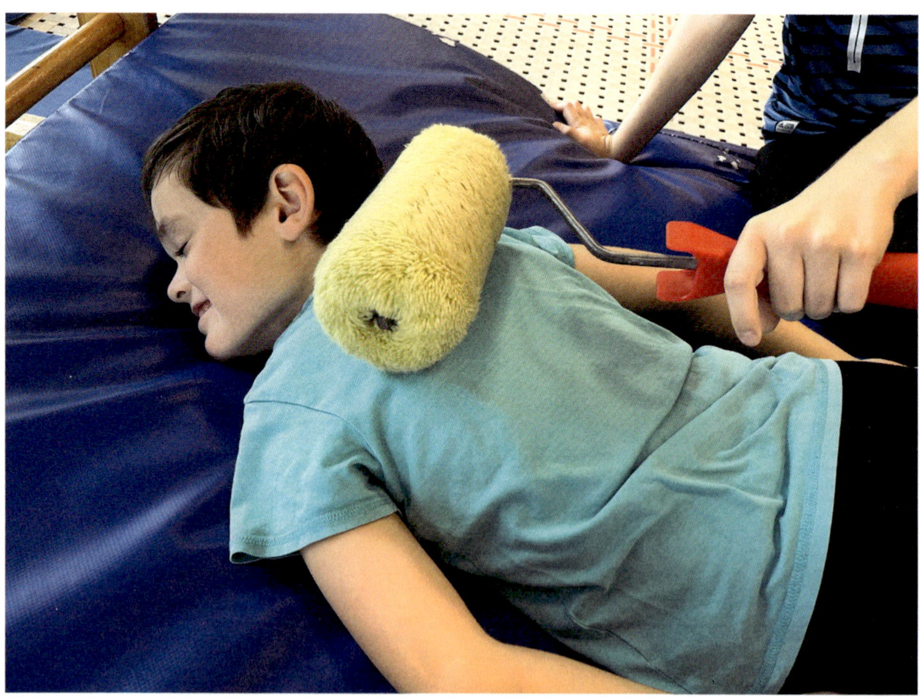

Tag am Meer

Die Anleiterin spielt gemeinsam mit den Kindern folgende Geschichte:

„Es ist Sommer und wir verbringen unsere Ferien am Meer. Mit unserem Handtuch in der Hand machen wir uns auf den Weg über den Sand herunter ans Wasser. Da der Sand sehr heiß ist, müssen wir schnelle Schritte machen, um uns nicht die Füße zu verbrennen ... Endlich haben wir den richtigen Platz erreicht, legen das Handtuch auf den Strand und ruhen uns einen Moment aus ... Da bemerken wir, dass wir unsere Trinkflasche in der Satteltasche unseres Fahrrads vergessen haben. Wir lassen das Handtuch liegen, und machen uns über den heißen Sand auf den Rückweg, wieder mit sehr schnellen Laufschritten ... Am Fahrrad angekommen, greifen wir das Getränk und flitzen zurück zu unserem Handtuch ... Endlich angekommen, setzen wir uns auf das Handtuch und spüren der Wärme in unserem Körper nach ... Gut, dass wir ein erfrischendes Getränk dabeihaben!“

Material: Kleine Handtücher für jedes Kind, eine ausreichende Zahl von Papprollen oder Bechern

Gruppengröße: 2–16 Kinder

Variation:

- Sonnenschutz: Ein Kind legt sich auf sein Handtuch und wird mit den anderen Handtüchern zugedeckt.

Tipps:

- Der ruhige Moment auf dem Handtuch eignet sich sehr gut, um ein Gespräch mit den Kindern über die Körperempfindungen nach ihrer Aktivität zu führen. Auch schon kleinen Kindern sind die Reaktionen des Körpers bewusst, wenn man ihre Aufmerksamkeit kindgemäß lenkt.

Meeresbrise

Alle Kinder und die Anleiterin stehen in einem Kreis. Jede/r hat eine Teppichfliese in der Hand. Ein oder zwei Kinder legen ihre Fliesen auf den Boden und stellen oder setzen sich in die Kreismitte. Nun dürfen sie spüren, wie stark der Wind vom Meer auf ihre Haut pustet. Dafür strecken alle im Kreis Stehenden die mit den Händen gehaltene Teppichfliese Richtung Mitte. Dabei muss der Abstand so gewählt werden, dass die Fliesen die sich in der Mitte befindenden Kinder nicht berühren. Nun beginnt die Meeresbrise ganz sacht zu wehen. Die Kinder bewegen die Teppiche ganz langsam auf und ab. Die Windstärke kann nach und nach gesteigert bzw. wieder zurückgenommen werden. Nach einer Zeit, werden die Positionen gewechselt.

Material: Teppichfliesen

Gruppengröße: 2–25 Kinder

Variation:

- Sind keine Teppichfliesen vorhanden, kann der Wind auch mit Tortenplatten aus Pappe erzeugt werden.

Tipps:

- Um die Wahrnehmung zu verstärken, dürfen die Kinder in der Mitte die Augen schließen, um sich auf den Wind auf der Haut und ihre Empfindungen dabei zu konzentrieren.
- Für manche Kinder stellt das Schließen der Augen einen enormen Kontrollverlust dar, deshalb sollte deutlich gemacht werden, dass sie die Augen freiwillig schließen können. Ansonsten hindert es sie, diese Wahrnehmungserfahrung überhaupt zuzulassen.

Schwammexperiment

Die Kinder bewegen sich frei durch den Raum. Sie können gehen, laufen, hüpfen, tanzen und ihre Bewegungsgeschwindigkeit dabei individuell wählen. Auf dem Boden sind verschiedene Schwämme verteilt. Die Kinder versuchen, um die Schwämme herumzulaufen, über sie zu steigen oder zu springen oder sie vorsichtig mit dem Fuß zu berühren. Auf ein vereinbartes Signal stoppen die Kinder ihre Fortbewegung, nehmen sich einen Schwamm in die Hand und suchen sich einen Platz, wo sie sich setzen oder hinlegen können.

Die Anleiterin erzählt den Kindern, dass sie sich vorstellen sollen, die Schwämme seien voll Wasser gesogen und sie versuchen, das Wasser aus dem Schwamm zu drücken. Bevor die nächste Bewegungsphase beginnt, werden die Kinder darauf hingewiesen, dass sie die Spannung lösen, so dass der Schwamm sich wieder mit Wasser füllen kann. Nach der freien Bewegung können die Kinder auch die andere Hand für das Schwammexperiment gebrauchen.

Material: Verschiedene Schwämme (oder Sandsäckchen), Musik (laut – leise, langsam – schnell) bzw. Musikinstrumente, die einen Rhythmus vorgeben (Tamburin, Klanghölzer, ...)

Gruppengröße: 1–20 Kinder

Variation:

- Als Stop-and-Go-Spiel mit Musik dienen Tempo und Lautstärke als Zeichen für verschiedene Ausführungen. Wenn z. B. ein schneller Rhythmus geklopft wird, sind auch die Bewegungen schnell, wenn langsam geklopft wird, sind auch die Bewegungen langsam.
- Die Schwämme liegen nicht auf dem Boden, sondern befinden sich schon in den Händen der Kinder. Diese können dann in der Aktivphase geworfen und gefangen werden.

Tipps:

- Haben die Kinder ein großes Bedürfnis, die auf dem Boden liegenden Schwämme mit den Füßen wegzuschießen, sollte dieser Impuls Berücksichtigung finden. Ein sehr aktives Spiel, wie z. B. „Haltet das Feld frei", wo die Schwämme mit Händen oder Füßen über eine Linie auf die gegnerische Seite befördert werden, kann hier die kindlichen Bedürfnisse unterstützen.

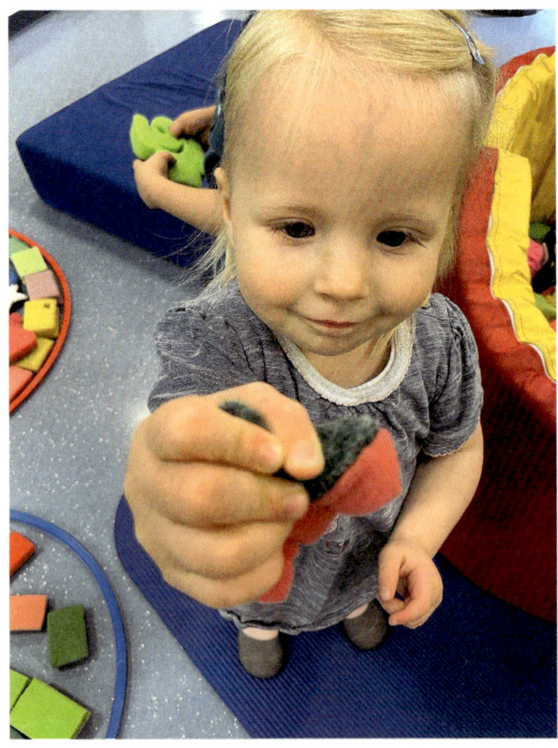

Schwammige Decke

Ein Kind erklärt sich bereit, sich bequem auf eine gemütliche Unterlage zu legen. Die Position sollte so gewählt sein, dass sie einen Moment beibehalten werden kann. Die anderen Kinder helfen nun, viele verschiedene Schwämme auf dem ganzen Körper des liegenden Kindes zu verteilen. Dabei kann ein Frage-Antwort-Spiel entstehen. Die Kinder und wir können nachfragen, ob das liegende Kind unter der schwammigen Decke spüren kann, wo auf seinem Körper neue Schwämme dazukommen oder wo besonders viele liegen.

Das zugedeckte Kind kann selber entscheiden, ob es langsam alle Schwämme von sich schütteln möchte oder lieber schnell aufspringt, so dass alle Schwämme von ihm fallen. In unserer Praxis hat sich gezeigt, dass viele Kinder die Veränderung in der Körperwahrnehmung bewusst genießen, wenn die Schwämme nach und nach vom Partner und/oder von uns entfernt werden.

Material: Viele verschiedene Schwämme, eventuell eine Matte oder Decke als gemütliche Unterlage

Gruppengröße: 2–10 Kinder

Variation:

- Wenn eine große Menge an Material zur Verfügung steht, können die Kinder auch paarweise spielen.
- Sind keine Schwämme zur Hand, können auch Pappdeckel als Decke verwendet werden.

Tipps:

- Dem liegenden Kind Hilfestellung bei der Wahl der Liegeposition geben. Das Anbieten von einer Unterlage für den Kopf oder für die Lagerung der Beine und die Einflechtung in ein begleitendes Gespräch kann die kindliche Ausdauer beim Durchhalten der ruhigen Übung steigern.
- Einzelne Körperteile werden mit Schwämmen bedeckt und die Kinder berichten von ihren unterschiedlichen Wahrnehmungen.

Mobil im Spiel „Bunte Schwämme für das Kinderspiel"

https://www.youtube.com/watch?v=xqQtsaNjeCE

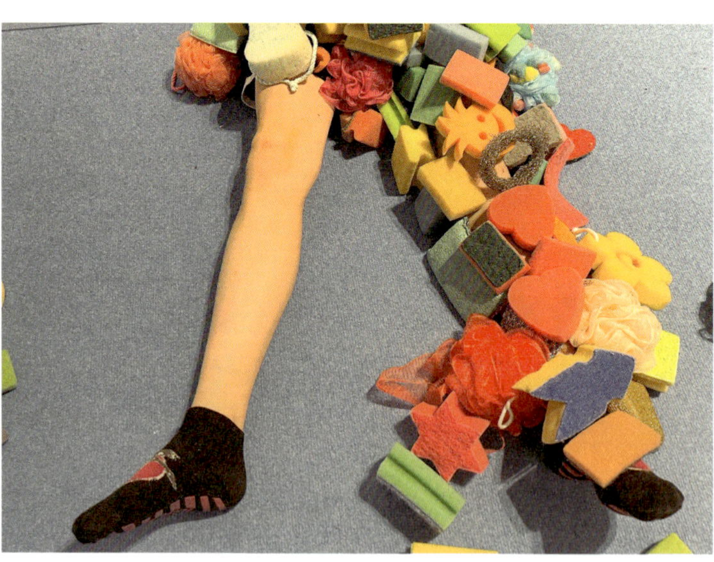

Schwammmemory

Die Kinder sitzen in einem Kreis um einige in der Mitte liegende Schwämme, von denen immer zwei Gleiche vorhanden sind. In einem einleitenden Gespräch können die Materialeigenschaften („Wie fühlen sie sich an?") und der Gebrauch der Schwammpaare besprochen werden. Nun drehen sich alle Kinder mit dem Blick nach außen und die Anleiterin verändert die Position der Schwämme und bedeckt sie anschließend mit einer Decke, einem Schwungtuch oder Ähnlichem. Nachdem die Kinder sich wieder zur Kreismitte gedreht haben, können zwei Kinder mit ihren Händen unter das Tuch greifen und dort einen Schwamm nehmen. Diesen Schwamm sollen sie durch Ertasten mit Worten beschreiben und dann gemeinsam mit den anderen Kindern herausfinden, um welchen Schwamm es sich handelt.

Material: Verschiedene Schwämme, Decke oder Schwungtuch

Gruppengröße: 1–12 Kinder

Variation:

- Natürlich kann bei diesem Arrangement auch ein klassisches Memoryspiel entstehen. Hier können einzelne Kinder oder auch Gruppen spielen.
- Zusätzlich ist denkbar, dass ein Kind verdeckt einen Schwamm beschreibt und ein anderes Kind versucht, das Gegenstück unter dem Tuch zu finden, indem es tastend eine Auswahl trifft.

Tipps:

- Bei der Auswahl der Schwammpaare ist darauf zu achten, dass eindeutige und für die Kinder, je nach Entwicklungsphase, erkennbare Unterschiede auszumachen sind. So kann der Schwierigkeitsgrad an die jeweiligen Bedingungen angepasst werden, der außerdem das Durchhalten und die Motivation der Kinder beeinflusst.

Steine - Balancieren und Transportieren

Steine unterschiedlicher Form und Größe sind für Kinder spannende Spielmaterialien. Hier sollen sie möglichst mit immer anderen Körperteilen bzw. Körperflächen transportiert werden, wie z. B. auf der Handinnenfläche, dem Handrücken, dem Kopf, der Schulter oder dem Oberarm. Je nachdem, welche Ablageposition auf dem Körper gewählt wird, kommt es zu einem Balanceakt. Die Kinder versuchen, immer in Bewegung zu bleiben und kreative Kunststücke zu entwickeln.

Material: Kleine, flache Steine in einer Kiste oder einem Korb

Gruppengröße: 2–12 Kinder

Variation:

- Ein Kind gibt eine Stelle vor, auf der alle versuchen, ihren Stein zu balancieren.
- Jedes Kind zählt mit, wie oft sein Stein zu Boden fällt. So könnte man auch ein kleines Transportspiel anregen.

Tipps:

- Ratsam ist es, den Kindern vor diesem sehr konzentrierten Spielanlass, die Möglichkeit zu geben, sich körperlich auszutoben. So wird ihr Erregungsniveau vorab auf die eher ruhige und konzentrierte Übung angepasst.
- Zusätzlich ist das Werfen von Material immer ein großes Bedürfnis der Kinder, sollte aber mit einem weniger harten Material wie den Steinen angeboten werden.

Steine beschreiben und sortieren

Alle Kinder sitzen im Kreis, in dessen Mitte verschiedene Steine liegen. Die Kinder werden angeregt, um die Steine herumzugehen, sie alle genau zu betrachten und sich einen Stein auszusuchen, der ihnen besonders gefällt. Hat ein Kind einen Stein gefunden, nimmt es ihn in die Hand und setzt sich zurück in den Kreis. Nun haben die Kinder die Möglichkeit, ihren gewählten Stein vorzustellen und seine Besonderheiten hervorzuheben. Was macht den Stein einzigartig? Warum habe ich ihn ausgewählt? Themen können besondere Farben, Formen oder Größen sein, aber auch andere Gedanken, die die Kinder zu dem Stein haben.

Material: Doppelt so viele Steine, wie Kinder mitmachen, Steine sollten sich durch markante Unterschiede hervorheben

Gruppengröße: 2–25 Kinder

Variation:

- Die Gruppe kann motiviert werden, Gemeinsamkeiten der Steine zu entdecken und sie dementsprechend zu sortieren. Verschiedene Faktoren lassen unterschiedlichste Gruppierungen und Sortierungen der Steine entstehen.
- Die Steine verdecken und die Kinder suchen tastend ihren Stein wieder.

Tipps:

- Um die Kinder anzuregen, sich auf das Spiel mit den Steinen einzulassen, können Geschichten erzählt werden, die bekannte Alltagssituationen in die Vorstellung der Kinder holt, wie z. B. ein Spaziergang am Flussufer, bei dem die Kinder Steine sammeln.

Lauschen und zählen

Alle Kinder machen es sich gemütlich, so dass sie in der Lage sind, die Augen zu schließen bzw. sich die Hände vor die Augen zu halten. Eine von der Spielleiterin bestimmte Anzahl von Steinen wird auf den Boden fallen gelassen. Alle sollen hören und in Gedanken zählen, wie viele Steinchen nun auf dem Boden liegen. Die Spielleiterin gibt Lösungszahlen vor und die Kinder geben ihren Tipp ab, welche Anzahl die richtige ist. Im Grundschulalltag kann dieses Spiel auch für kleine Additionsaufgaben genutzt werden.

Material: Kleine Steine

Gruppengröße: 2–20 Kinder

Variation:

- Die Spielleiterin oder ein Kind kann einen oder mehrere Steine an einer bestimmten Stelle im Raum fallen lassen, so dass die Kinder die Richtung, aus der das Geräusch wahrzunehmen ist, mit einem Fingerzeig bestimmen sollen.

Tipps:

- Zu Beginn wenige Steine fallen lassen und nach und nach die Anzahl steigern. Ab einer gewissen Menge sind Unterschiede schwer feststellbar.

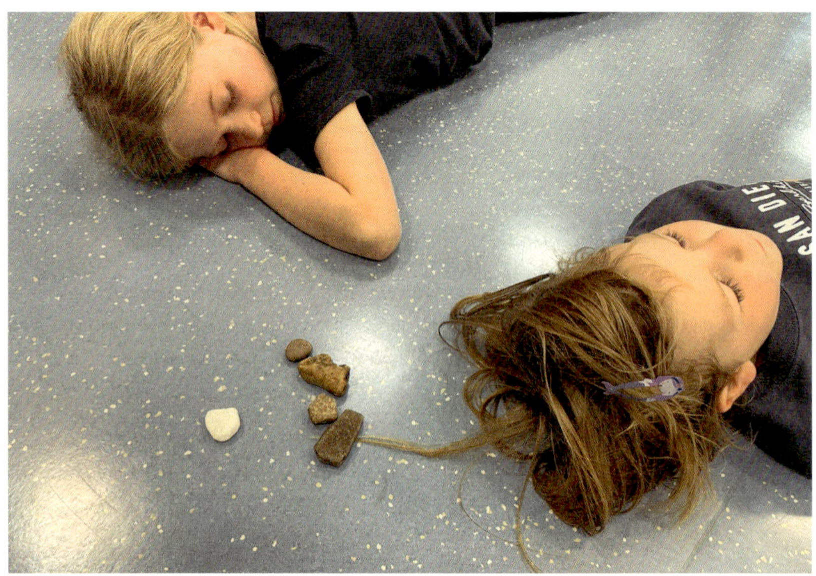

Eine federleichte Berührung

Alle Kinder sitzen im Kreis und haben eine Feder in der Hand, mit der sie sich selber streicheln und dabei erspüren, wie sich diese federleichte Berührung anfühlt. Gibt es Unterschiede in der Empfindung, je nachdem, welche Körperstelle gestreichelt wird? Wie ist es, wenn mich ein anderes Kind mit seiner Feder streichelt?

Material: Große und kleine, einfarbige und bunte Federn, Federpinsel

Gruppengröße: 2–20 Kinder

Variation:

- Alle gemeinsam einigen sich auf ein ganz bestimmtes Körperteil. Nun schließen alle Kinder die Augen. Nur ein (oder mehrere Kinder je nach Gruppengröße) Kind oder die Anleiterin haben eine Feder, mit der sie immer wieder alle möglichen Berührungen bei den sitzenden Kindern verursachen. Wenn die vorher bestimmte Stelle mit einer Feder berührt wird, steht das Kind, das die Berührung gespürt hat, langsam und leise auf.

Tipps:

- Die Berührung mit einer Feder ist oft nicht eindeutig auszumachen. Deshalb ist es hilfreich, mit den Kindern vorher Federpinsel zu basteln. So sind mehrere Federn zusammengefasst und verstärken die Berührungsempfindung.

Federtransport

Jedes Kind sucht sich eine Feder aus und versucht, diese mit verschiedenen Körperteilen oder auf einem Blatt Papier durch den Raum zu transportieren. Es sollen möglichst unterschiedliche Federn ausprobiert werden. Die Anleiterin kann ein Gespräch anregen, aus dem Ideen für eine erfolgreiche Bewältigung der Aufgabe hervorgehen: Was muss beachtet werden, dass keine Feder herunterfällt? Welche Körperstellen eignen sich und wie muss ich mich bewegen?

Material: Verschiedene Federn, Papier, Decke, Tuch oder Matte

Gruppengröße: 1–20 Kinder

Variation:

- Viele Federn werden im Raum verteilt. Ein Sturm hat alle Federn aus dem Nest geweht. Die Kinder sollen helfen, die Federn zurückzubringen. Ein „Nest" (Tuch, Teppichfliese, Decke, Matte etc.) wird vorher gemeinsam gebaut. Doch damit die Federn nicht einknicken, dürfen sie nicht mit den Fingern befördert werden. Alle anderen Stellen des Körpers sind erlaubt. Vielleicht gibt es auch kreative Lösungen mit einem Partner?

Tipps:

- Die Kinder werden zu fantasievollen Lösungen angeregt, wenn eine Bewegungsgeschichte um die Bewegungsherausforderung gestrickt wird. Seien sie offen für Ideen der Kinder. Je unterschiedlicher die Federn in Größe, Farbe und Form sind und je zahlreicher sie vorhanden, um so motivierter sind die Kinder bei der Sache.

Vogelhochzeit

Ein oder zwei Kinder setzen sich jeweils auf einen Stuhl oder legen sich auf eine Matte. Da sie mit Federn geschmückt werden sollen, versuchen sie, still zu halten und sich möglichst nicht zu bewegen. Alle anderen Kinder nehmen sich je eine Feder aus einem Korb und verschönen das Kind ganz ruhig und leise, indem sie die Feder auf einer Körperstelle ablegen, sie in die Haare oder unter den Brillenbügel stecken, etc.

Material: Federn, Spiegel, evtl. Kamera

Gruppengröße: 2–20 Kinder

Variation:

- Natürlich kann diese Idee auch rückwärts gespielt werden. Wunderschönen Vögeln sollen nach und nach die Federn stibitzt werden. Wer kann sich so leise anschleichen, dass der schlafende Vogel nicht erwacht?

Tipps:

- Um jedem Kind die Möglichkeit zu geben, sich je nach Hintergrundgeschichte als geschmückter Vogel, Fantasiewesen oder Indianer sehen zu können, sind Spiegel eine schöne Hilfe. Am Ende der Dekoration kann auf Wunsch des Kindes ein Foto gemacht werden.

Beutel, Beutel, du sollst wandern

In einen Müllbeutel (ca. 25 Liter Fassungsvermögen und mit Tragegriff) werden 1,5 bis 2 Liter warmes Wasser eingefüllt und oben fest zugeknotet. Dieser Wasserbeutel wird wieder in einen Müllbeutel gegeben und oben an den Griffen gehalten. Für jedes Kinderpaar wird so ein Massagesack vorbereitet, so dass die Kinder sich gegenseitig mit Wasser massieren können. Dafür legt sich ein Kind in eine gemütliche Position an einen angenehmen Ort und das andere Kind setzt den Wasserbeutel vorsichtig und langsam auf unterschiedliche Bereiche des Körpers. Dabei soll das Wasser ganz schwer und langsam fließend über den Körper des Partners „wandern".

Material: Matten, Decken, Müllbeutel mit ca. 25 Liter Fassungsvermögen und Tragegriff, warmes Wasser, ruhige Musik (alternativ: Malerfolie, Federn)

Gruppengröße: 2–10 Kinder

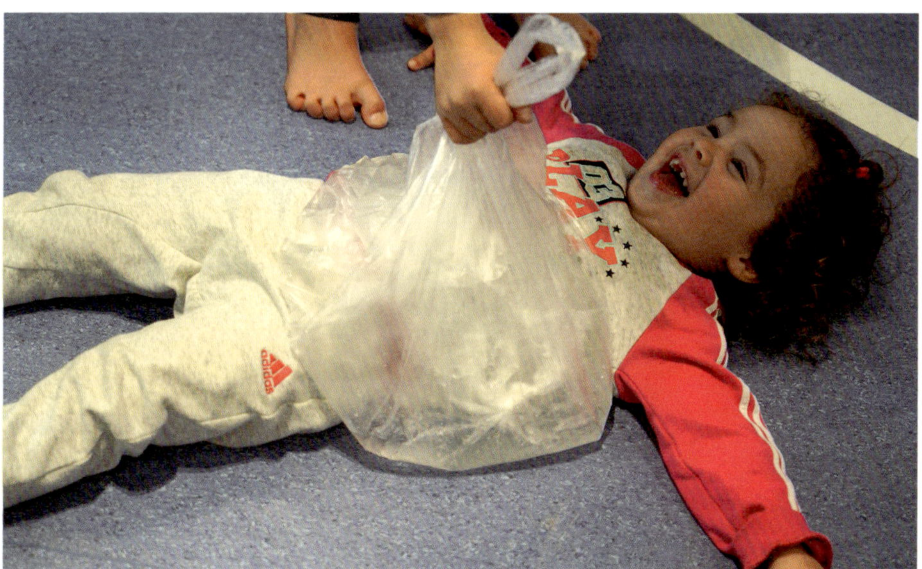

Variation:

- Auf eine starke, durchsichtige Malerfolie kann eine etwas größere Menge Wasser gegeben werden, die als Streichelwelle über darunterliegende Kinder fließt. Hier sollte allerdings sichergestellt werden, dass mindestens vier bis sechs zuverlässige Personen die Folie halten.

- Auf eine Folie können auch nach und nach Federn gelegt werden, die durch vorsichtiges auf und ab Bewegen die Federn ihrerseits in Bewegung versetzt. Die liegenden Kinder schauen dem Federtreiben zu.

Tipps:

- Die Wassermenge sollte dem Alter und der Körpergröße angepasst werden.
- In kälteren Jahreszeiten sollte das eingefüllte Wasser auf jeden Fall erwärmt werden.
- Gedämpftes Licht und eine ruhige Musik können das zur Ruhe kommen der Kinder fördern.
- Die Spielidee mit den Federn eignet sich besonders für die Heranführung der Kleinsten an das Material. Das Federspiel mit den Augen zu verfolgen, fasziniert die Kinder und fördert ihre Aufmerksamkeit.
- Die Streichelwelle ist eine schöne gemeinsame Aktion für Jung und Alt. Der/die AnleiterIn sollte auf jeden Fall den Weg der Welle sprachlich vorgeben, da ein gemeinsames Vorgehen für eine größere Gruppe eine Herausforderung darstellt.

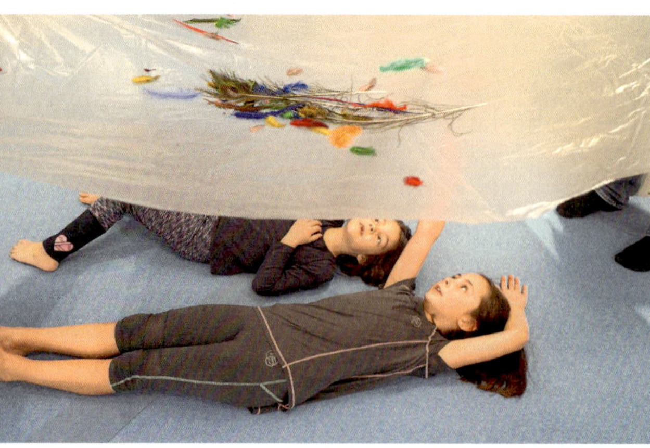

Kissenmassage

Bei dieser Aufgabe findet eine gemütliche und erholsame Kissenmassage statt. Je zwei Kinder finden sich zusammen und einigen sich, wer als erstes massiert wird und wer die Massage durchführt. Das Kind, das mit dem Kissen massiert wird, legt sich möglichst flach auf den Bauch. Nun greift der Massagepartner ein Kissen und beginnt, dieses Kissen über den Körper des Partners wandern zu lassen. Dabei kann das Kissen auch mit leichtem Druck an manchen Stellen massierende Bewegungen auf den Körper übertragen. Das Kissen kann dabei kräftig geknetet werden. Die Kinder bestimmen möglichst selber den Wechsel der Rollen.

Material: Mindestens ein Kissen je Kind. Die Kissen sollten sich in ihrer Befüllung und eventuell in ihrer Größe unterscheiden.

Gruppengröße: 2–10 Kinder

Variation:

- Als Ruhe- und Rückzugsstation in einer offenen Bewegungssituation geeignet. Dabei können sehr viele Kissen als Decke dienen. Der Partner kann nun versuchsweise ein Kissen auswählen, das vorsichtig nach unten gedrückt wird. Der „Zugedeckte" soll nun eine Vermutung abgeben, an welcher Körperstelle das Kissen mit sanftem Druck zu spüren war.

Tipps:

- Bitte Kissen ohne Reißverschluss verwenden.

Kissenquiz

Alle Kissen werden im Raum auf dem Boden verteilen. Nun bewegen sich die Kinder zu anregender Musik um die Kissen herum. Auf ein Signal oder Musikstopp findet jedes Kind schnell ein Kissen und setzt sich darauf. Die Kinder schließen die Augen und hören der Anleiterin aufmerksam zu, wenn diese eine Rätselfrage stellt, die es nun still zu lösen gilt. Ist die Frage zu Ende gelesen, gibt die Anleiterin mehrere Lösungsmöglichkeiten vor und bittet die Kinder, entsprechend der Lösung zu einer bestimmten Stelle im Raum zu laufen oder eine formulierte Aufgabe zu erfüllen.

Hier zwei Beispiele (vgl. Wingert et al., 2015, S. 209):

„Sie sind nie allein, denn sie treten immer als Zwillinge auf. Viele von ihnen sind schon tausende Schritte gegangen und haben dadurch die schönsten Ecken der Welt kennengelernt. Im Winter wärmen sie deine Füße und im Sommer sind sie meist bunt, mit Schleifen und Riemchen. Du kannst sie auf und zu machen. Bestimmt hast du auch welche. Noch ein kleiner Tipp: In deiner Stadt auf den Straßen siehst du feine Damen darin stöckeln. Wer mag das sein?“ Lösungsmöglichkeiten: Die Socken (auf die Langbank stellen) oder die Schuhe (auf den Boden legen).

„Er ist ein launischer Geselle. Mal ist er wütend, dann tobt er und reißt dir die Mütze vom Kopf. Ein anderes Mal säuselt er leise und weht dir sanft um die Nase. Er lässt die Blumen rauschen und treibt die Wolken am Himmel vor sich her. Willst du im Herbst einen Drachen steigen lassen, brauchst du ihn unbedingt. Wer mag das sein?" Lösungsmöglichkeiten: Der Regen (mit dem Rücken an eine Wand stellen) oder der Wind (unter einen Tisch krabbeln).

Material: Je Kind ein Kissen

Gruppengröße: 2–16 Kinder

Variation:

- Die Lösung kann auch direkt von den Kindern erfragt werden.
- Die Kinder können sich auch selber Rätsel überlegen.

Tipps:

- Die Erfahrung hat gezeigt, dass es sinnvoll ist, sich Gedanken zu den Quizfragen zu machen und diese auf die Themenwelt der Kinder oder aktuelle Lerninhalte zu beziehen.
- Kann ein Kind eventuell eine Quizfrage formulieren?

Sticker aufkleben

Die Kinder werden in zwei Gruppen geteilt. Die eine Gruppe legt sich gemütlich auf den Boden, wo Material wie Matten, Decken, Kissen usw. bereitliegt. Die andere Gruppe erhält viele verschiedene Pappdeckel, die als „Aufkleber" genutzt werden. Jedes Kind nimmt sich jetzt einige Pappdeckel und geht zwischen den liegenden Kindern umher und versucht, einige der Pappdeckel vorsichtig auf die Kinder zu „kleben". Sind möglichst viele Sticker aufgeklebt, springen die Kinder auf ein Kommando auf, sammeln die heruntergefallenen Pappdeckel auf und wechseln die Rollen.

Material: Viele verschiedene Pappdeckel, Matten, Decken, Kissen usw.

Gruppengröße: 2–20 Kinder

Variation:

- Es ist auch möglich, dass die Kinder nur eine begrenzte Anzahl Pappdeckel „aufkleben" und anschließend die Pappdeckel wieder aufnehmen.

Tipps:

- Das Verteilen der Pappdeckel kann mit einer ruhigen und entspannenden Musik untermalt werden, um die liegenden Kinder zu unterstützen, zur Ruhe zu kommen. Die Musik gibt einen zeitlichen Rahmen vor, der eine Orientierung für die Kinder darstellen kann.

Autostraße

Die Kinder finden sich zu Paaren zusammen. Die Anleiterin demonstriert die folgende Aufgabe: Ein Kind legt sich gemütlich auf eine Unterlage und versucht, ganz still liegen zu bleiben. Nun beginnt sie, aus Pappdeckeln eine Straße auf den Körper des Kindes zu legen. Die „nicht bebaubaren Gebiete“, also Körperstellen, die auf Wunsch des liegenden Kindes ausgelassen werden sollen, werden besprochen. Nun ist es möglich, die ausgebauten Pappdeckelstraßen mit Spielzeugautos zu befahren. Die Kinder machen dabei vielfältige Erfahrungen, je nachdem mit welcher Geschwindigkeit und Vorsicht die Straße befahren wird.

Material: Möglichst viele verschiedene Pappdeckel, kleine Spielzeugautos, Unterlagen

Gruppengröße: 2–20 Kinder

Variation:

- Aus diesem Partnerspiel entstehen nicht selten eine groß angelegte Straßenbauauktionen und Autospiele auf dem Boden.

Tipps:

- Die Anleiterin sollte die Kinder zu einem Gespräch anregen, so dass sie sich über den Baufortschritt und das Befahren der Strecke austauschen. Dies fördert die Körperwahrnehmung, das Einfühlungsvermögen und hält die Kinder bei der Sache.

Pappdeckelbilder

Zunächst wird mit einem Kreppband auf dem Boden ein Bilderrahmen aufgeklebt. Nun können die Kinder ihre eigenen Kunstwerke schaffen, indem sie Muster und Bilder mit Pappdeckeln legen.

Material: Möglichst viele verschiedene und bunte Pappdeckel, Kreppband

Gruppengröße: 2–20 Kinder

Variation:

- Bilder, Fotos oder Themen machen es kleineren Kindern leichter, die Bilder auf dem Boden zu legen bzw. Fantasiebilder zu schaffen.
- Gemeinsam mit einer Gruppe Bilder oder Figuren erschaffen.

Tipps:

- Die entstandenen Bilder können später auch dazu dienen, um bewegungsintensivere Spiele zu eröffnen. So können die Kinder beispielsweise über eine „Sonne" und ihre Strahlen laufen oder springen.

Igel im Blätterhaufen

Ein oder mehrere Kinder legen sich gemütlich auf eine Unterlage und lassen sich von den anderen Kindern mit vielen auseinandergefalteten Zeitungspapieren zudecken. Dabei kann es immer mal wieder vorkommen, dass die „Igelkinder" sich bewegen und die Blätter verrutschen. Dann sollte von außen nachgebessert werden. Aber manchmal halten die kleinen Igel so still, dass sich kein einziges Blatt bewegt.

Material: Zeitungen, feste Pappe, evtl. Softfrisbees oder Teppichfliesen

Gruppengröße: 1–10 Kinder

Variation:

- Die Auflösung dieser Spielidee kann durch einen leichten Wind, der die Blätter vom „Igelkind" weht, erfolgen oder aber auch durch einen stürmischen Orkan. Durch das Wedeln einer festen Pappe oder einer Teppichfliese kann ein Windhauch entstehen, der die Blätter zur Seite bewegt.

- Denkbar ist auch, dass der Igel den nahenden Frühling bemerkt und ganz plötzlich aufspringt, um durch die ersten wärmenden Sonnenstrahlen zu krabbeln.

Tipps:

- Gesichter zum Schluss abdecken und vorher nachfragen, ob der „Igel" das wünscht.
- Wenn dieser Spielimpuls als Partneraufgabe durchgeführt wird, läuft die Stille- und Wahrnehmungsübung ruhiger ab.
- Gedimmtes Licht und eine ruhige, naturnahe Musik unterstützt das Angebot atmosphärisch.

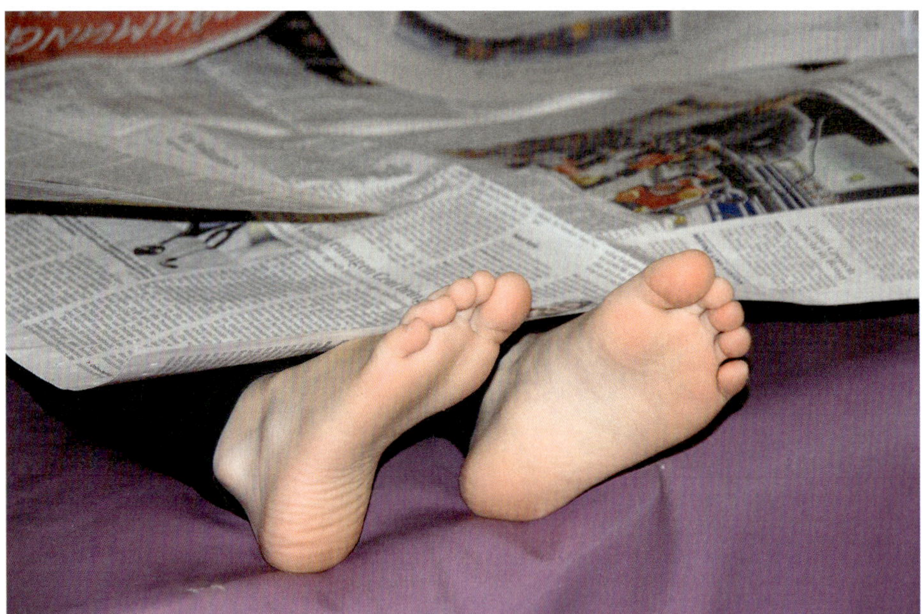

Ausflug des Igels

Hierbei handelt es sich um eine Tennisballmassage, bei der die Kinder sich einen Partner suchen, der sich gemütlich auf den Bauch legt. Der Tennisball verkörpert einen Igel, der einen Ausflug auf der Körperrückseite des Partners macht. Zu Beginn liegt der Tennisball ruhig auf der Fußsohle des liegenden Kindes. Der/die LeiterIn liest folgende Geschichte vor (s.u.).

Material: Matten, Decken, Tennisbälle

Gruppengröße: 4–20 Kinder

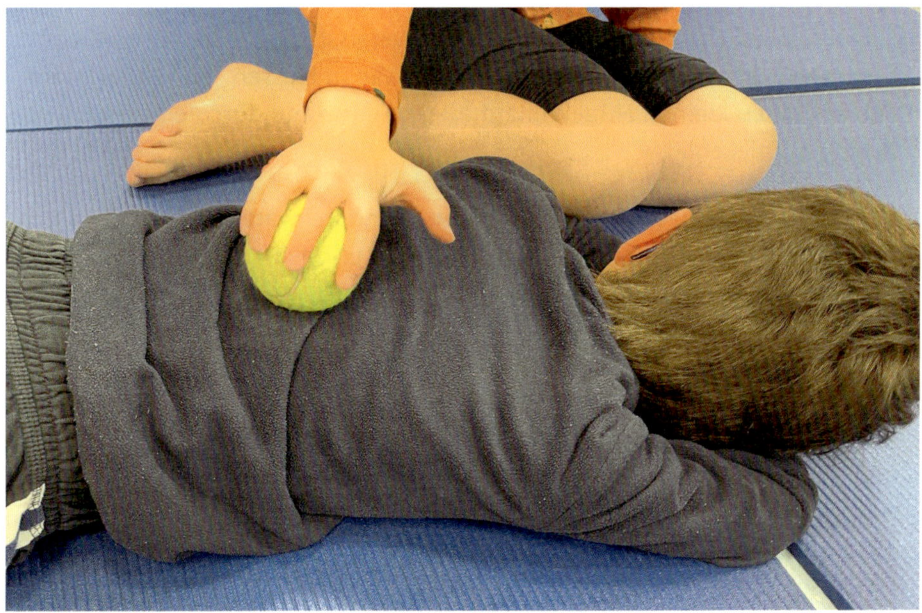

Variation:

- Die Kinder massieren sich gegenseitig mit vielen unterschiedlichen Bällen.

Tipps:

- Die Geschichte kann als Basis für individuelle Ideen genutzt werden. Jede andere Geschichte bzw. jedes andere Vorstellungsbild ist hier denkbar.
- Die Dauer der begleitenden Geschichte sollte der Aufmerksamkeitsspanne und der Entspannungsfähigkeit der Kinder angepasst werden.

Text:
„Dies ist das Zuhause des Igels. Der Igel schläft noch tief und fest in seiner Behausung. Ganz wohlig warm ist es in seinem kuscheligen Bett. Plötzlich kitzelt es an seiner Nase und es wird hell und warm in seinem Gesicht. Ein morgendlicher Sonnenstrahl ist durch das Fenster hereingekommen und hat ihn sanft aus seinen Träumen geweckt. Der Igel reibt sich seine Augen und räkelt und streckt sich bis er richtig wach ist. (Den Ball auf der Fußsohle mit etwas Druck hin und her bewegen.)

Er steht auf und schaut aus dem Fenster hinaus. (Den Ball bis zur Ferse hoch rollen.)

Heute ist wirklich ein schöner Tag und er beschließt, einen Ausflug auf den Hügel zu machen. Vor freudiger Erwartung vergisst der Igel sogar zu frühstücken. Aber vielleicht findet er unterwegs etwas zu Fressen. Er läuft langsam los, erst einen kleinen Hügel hinauf (die Wade), dann durch einen kleinen Bach (die Kniekehle).

Er überlegt, ob er heute hinüberspringen oder durchwaten möchte. (Je nach Empfindlichkeit kann der Igel den Bach überspringen oder mit den Pfoten hindurchwaten: vorher ausprobieren.)

Jetzt geht es langsam bergan (Den Oberschenkel hoch rollen bis zum Gesäß.) bis zur ersten Bergkuppe. Von hier oben hat man wirklich einen herrlichen Ausblick. Und so schaut der Igel einmal rechts vom Hügel hinunter – und einmal links hinunter. (Den Ball auf dem Gesäß hin und her rollen.)

Doch noch ist der Igel nicht am Ziel angekommen. Er muss noch diesen steilen Berg hinauf, den er am besten in Zick-Zack-Kurven bewältigt. (In engen Zick-Zack-Linien den Rücken hinauf rollen.)

Der Igel genießt die zauberhafte Stimmung auf diesem grünen Wiesenhang. Vögel zwitschern und bunte Schmetterlinge begleiten seinen Weg. Der Igel kommt ganz fröhlich und vergnügt oben auf dem Hügel an (zwischen den Schulterblättern).

Er freut sich so sehr über diesen herrlichen Tag, dass er erst einmal ein kleines Tänzchen mit den Schmetterlingen macht: rechts herum – und links herum

– und noch mal rechts – und noch mal links. (Den Tennisball zwischen den Schulterblättern kreisen lassen.)

Vom vielen Wandern und Tanzen ist der Igel ganz hungrig geworden. So macht er sich auf die Suche nach etwas zu Fressen. Er wandert den schmalen Pfad hinunter (an einem Arm entlang bis zur Hand) und tatsächlich findet er am Ende etwas ganz Schmackhaftes zu essen. Er frisst, bis er sich satt und wohl fühlt. (Auf dem Handrücken oder in der Handfläche den Ball in kleinen Bewegungen hin und her rollen.)

Dann macht er sich auf den Weg zurück auf den Hügel. Durstig ist der Igel geworden. Kaltes Wasser wäre jetzt genau das Richtige. Der Igel erinnert sich an eine Quelle und an einen Bach am Ende des anderen schmalen Pfades. Dort läuft er hinunter (den anderen Arm entlang rollen) und erreicht tatsächlich eine klare frische Wasserquelle. Der Igel trinkt und trinkt, bis er genug hat. Zurück auf dem Hügel macht er noch ein Tänzchen – rechts herum – und links herum – bis er ganz erschöpft ist. Er hat gar nicht gemerkt, dass es schon langsam dunkel wird und die Sonne tiefer sinkt. So macht sich der Igel auf den Heimweg – den Zick-Zack-Weg hinunter – bis auf den kleinen Hügel (Gesäß).

Hier bleibt er noch einmal stehen und schaut rechts und links den Berg hinunter. Zwei Wege liegen nun vor ihm und er überlegt, welchen er nehmen soll. Er entscheidet sich für den, den er heute Morgen nicht gegangen ist (Das andere Bein hinunterrollen.)

Denn Abwechslung tut auch Igeln gut. Am Ende angekommen, schlüpft er in seine Höhle (Fußsohle), legt sich ins Bett, räkelt und streckt sich und will gerade einschlafen, als er merkt, dass dies das Zuhause seines Freundes ist und nicht sein eigenes. Aber zu seiner Höhle ist es glücklicherweise nur ein Igelkatzensprung. (Mit dem Ball zur anderen Fußsohle hüpfen.)

Der Igel fällt müde und glücklich in sein kuscheliges weiches Bett, räkelt sich noch einmal und träumt noch ein wenig von diesem wunderschönen Tag. Dann gleitet er in einen tiefen zufriedenen Schlaf hinüber. (Den Ball noch einmal leicht bewegen und dann einen Moment auf der Fußsohle ruhen lassen.)
(Mündlich überliefert)

Bunte Blumen

Bei diesem Entspannungsspiel faltet jedes Kind vorsichtig alle Lagen einer Papierserviette auseinander. Dann wird die Serviette in beiden Händen versteckt. Sie darf dabei nicht zu fest zusammengedrückt werden. Nimmt das Kind langsam seine Hände auseinander, entsteht ein wahres Blütenmeer, wenn sich die bunten Servietten öffnen und ihre Farbenpracht entfalten.

Material: Verschiedene Servietten

Gruppengröße: 1–20 Kinder

Variation:

- Die Kinder können ihre entstandenen Blumen vorsichtig an eine bestimmte Stelle legen, so dass die Stilleübung noch verlängert wird.

Tipps:

- Mit etwas mehr Aufwand entstehen aus Servietten Blumen, die zur Dekoration genutzt werden können. Dafür wird vorsichtig ein ca. 1 cm breiter Streifen von der einmal auseinandergefalteten Serviette abgerissen. Aus der Serviette wird mit Zickzack-Falztechnik eine Fliege gefaltet und in der Mitte mit dem Serviettenstreifen zugebunden. Anschließend werden mit viel Geduld die einzelnen Blätter der Serviette auseinandergezogen und mit den Fingern locker zerzaust.

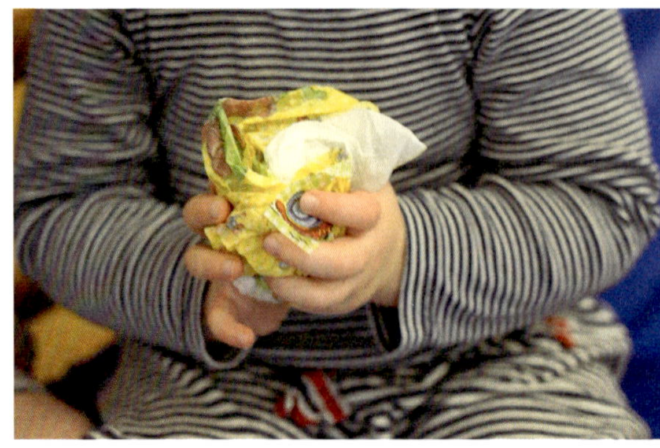

Kooperative Spielideen mit Alltagsmaterialien

Kooperative Spielideen

„Gemeinsam sind wir stark!“ ist ein oft gehörter und angewandter Ausspruch. In den meisten Stellenausschreibungen werden Team- und Kooperationsfähigkeit von dem/der neuen MitarbeiterIn erwartet. Die Kompetenzen wie Empathie, Toleranz, Rücksichtnahme und Regelverständnis, die es möglich machen, ein gemeinsames Ziel zu formulieren und zu verfolgen, werden im Zusammenhang mit dem Gemeinwohl thematisiert.

In diesem Kapitel wollen wir Spielimpulse mit Alltagsmaterialien aus unserer Praxisarbeit auflisten, die bei den entstehenden Spielhandlungen den Schwerpunkt auf die Zusammenarbeit der Kinder und ihre erforderlichen Fähigkeiten setzen. Gemeinsames Tun ermöglicht einen großen Erfahrungsraum in Bezug auf soziale, emotionale und kognitive Entwicklung. In spielerischen Interaktionen können Kinder ihre eigenen Fähigkeiten erproben und erweitern und dabei die Reaktionen ihrer Spielpartner sehen und einschätzen lernen. Zusätzlich impliziert das gemeinsame Spiel, dass das eigene Verhalten auf die Antworten der Spielpartner und den angemessenen Umgang mit dem Material abgestimmt werden muss, um zusammen zu einem Ziel zu gelangen. Die Erfahrung, dass ein Ergebnis nicht allein, sondern nur mit Hilfe einer oder mehrerer Personen erzielt werden kann, eröffnet den Blick auf die Bedeutung kooperativen Handelns. Durch eine produktive Zusammenarbeit, also eine von Mitspielern durchgeführte gemeinsame Handlung, kann manches Ziel besser erreicht werden.

Grundlegende kooperative Fähigkeiten

So müssen die Kinder wesentliche Fähigkeiten mitbringen, um kooperativ handeln zu können. Wahrnehmung, Kontaktaufnahme und Kommunikation sind gefordert, wenn es darum geht, zu beratschlagen, sich einzubringen und Ideen auszutauschen. Dafür müssen die Kinder einander zuhören und miteinander Absprachen treffen. Wollen zwei Kinder es gemeinsam schaffen, mit einer als Seilschaft an der Kleidung befestigten Zeitung, Bewegungsaufgaben zu erfüllen oder einen bestimmten Weg zurückzulegen, ohne dass das Papier zerreißt, müssen sie zusammen eine Lösungsidee entwickeln und dieser folgen bzw. sie gemeinsam an die Situation anpassen. Dafür ist das Zulassen eines Kontaktes und ggfs. einer Hilfestellung nötig. Im Bewegen und Explorieren mit Material in sozialen Bezügen sind direkte Rückmeldungen auf das eigene Agieren spürbar. Kinder beziehen die Resultate auf sich und können so Alternativen erarbeiten und ausprobieren. So werden Handlungskompetenzen auch in Bezug auf den Umgang miteinander gefördert.

„Im Vordergrund stehen erlebnisorientierte Bewegungsangebote, die dem Kind die Möglichkeit geben, sich selbst als wichtiges Mitglied der Gruppe zu erfahren, die den Aufbau eines positiven Selbstkonzeptes unterstützen und ihm Erfahrungen des Selber-Wirksam-Seins vermitteln." (Zimmer 2019, S. 24)

Pädagogische Begleitung

In unseren Gruppen lassen wir den Kindern viel Freiraum, in dem sie sich ausprobieren können und Selbstverantwortung für ihr gemeinsames Tun erfahren. Im Spielgeschehen ist der/die BegleiterIn präsent, um durch kleine helfende Impulse und eine natürliche Vorbildfunktion die Interaktionspartner bei ihren Lösungsstrategien zu unterstützen. Gerade die Fähigkeit, eigene Bedürfnisse zugunsten anderer Belange zurückzustellen und aufzuschieben, nicht im Mittelpunkt zu stehen, kann nur in sozialen Gefügen geübt werden. Den entstehenden Frustrationen wird in lebendigen Spielerlebnissen Platz geschaffen, woraus ein Übungsfeld für gruppenverträgliche Konfliktlösungsstrategien entsteht.

Starke Kinder

Bei dieser Aufgabe wird ein Zeitungsblatt von zwei Kindern waagerecht und gespannt gehalten. Ein weiteres Kind versucht nun, das Blatt mit einem Karateschlag zu halbieren. Die geteilten Blätter können nochmal halbiert werden und dann werden die Aufgaben getauscht.

Selbst die Kinder, die die Zeitung halten, sind emotional involviert und sehr begeistert, wenn das Blatt mit einem lauten Geräusch zerreißt.

Natürlich kann auch durch einen Boxschlag oder einen Tritt ein Loch in die senkrecht gehaltene Wand geschlagen werden.

Material: Zeitungen

Gruppengröße: 3–24 Kinder

Variation:

- Durchschlagen des Zeitungspapieres mit einer Poolnudel.

Tipps:

- Nur wenn die Kinder das Zeitungsblatt aufmerksam spannen, kann das Spiel gelingen.
- Diese Aufgabe kann zum Anlass genommen werden, mit den Kindern über ihre Kräfte und bestehende Regeln zu sprechen.

Mutsprung

Ein waagerecht gehaltenes, großes Zeitungsblatt kann durchsprungen werden, indem ein Kind von einer leichten Erhöhung abspringt und versucht, das Blatt, das an den Ecken parallel zum Boden gespannt wird, genau in der Mitte zu treffen. Je nach Absprunghöhe muss die entsprechende Absicherung durch untergelegte Matten vorgenommen werden.

Material: Unterschiedlich große Zeitungspapiere, Matten, Bänke, Tische, Stühle, Sprossenwand, etc.

Gruppengröße: 3–20 Kinder

Variation:

- Sowohl die Absprunghöhe, als auch der Abstand vom Boden des gehaltenen Zeitungspapiers, sollten je nach Einschätzung und Können variiert werden.

Tipps:

- Hilfreich ist es, wenn die Springer einen Countdown angeben, bevor sie abspringen.
- Zu Beginn kann der/die AnleiterIn mit einem Kind die Zeitung halten. Später ist es auch möglich, dass die Kinder für sich das Halten der Zeitung übernehmen.
- Dieser bewegte, erlebnisreiche Impuls kann auch wunderbar draußen angeboten werden.

Verbindung

Die Kinder finden sich zu Paaren zusammen und befestigen mit Hilfe von 2-4 Klammern ein Zeitungsblatt so an ihrer Kleidung, dass sie damit verbunden sind. Einer von beiden Partnern übernimmt nun die Aufgabe, den andern Partner möglichst mit wenigen Worten durch den Raum/durch das Gelände zu führen. Der Führende versucht sein Tempo so zu dosieren, dass die Verbindung sich nicht löst. Wird die Aufgabe erfolgreich bewältigt, denken die Kinder sich Bewegungskunststücke aus und probieren diese. So können sie z. B. gemeinsam hüpfen, sich hinsetzen und wieder aufstehen oder bewältigen einen Parcours.

Material: Zeitung, Klammern

Gruppengröße: 2–25 Kinder

Variation:

- Ein Kind schließt die Augen und wird von der Partnerin blind geführt. Dabei wird die Verbindung gefühlt und möglichst wenig gesprochen.
- Welches Paar schafft es, einen Purzelbaum zu machen, ohne dass die Zeitungsverbindung reißt?

- Eine belastbarere Verbindung kann mit einem vierfach gefalteten Seil geschaffen werden, das die Partner in einer Hand halten.

Tipps:

- In einer Turnhalle können Geräte einbezogen werden, z. B. gemeinsam Klettern, über eine Bank balancieren oder von einem Kasten springen.

Zeitungsexperiment

Die Kinder stellen sich jeweils auf ein Zeitungsblatt, beugen den Oberkörper nach vorn und halten das Blatt an der Vorderseite mit beiden Händen fest. Nun versucht jeder zu hüpfen und gleichzeitig das Blatt unter den eigenen Füßen wegzuziehen. Dies erfordert eine gute Koordinationsfähigkeit und gelingt in der Regel nicht auf Anhieb.

Material: Zeitung

Gruppengröße: 1–25 Kinder

Variation:

- Einfacher ist das Experiment als Partneraufgabe. Hier zieht ein Kind das Zeitungsblatt weg, sobald der Partner springt. Wird diese Aufgabe zu einfach, schließt der Partner, der die Zeitung zieht, die Augen und handelt auf Zuruf.
- Gelingt es dem /der PartnerIn das weggezogene Zeitungspapier wieder unter die Füße des hüpfenden Kindes zu schieben?

Tipps:

- Mit jüngeren Kindern die Variation nutzen und evtl. muss die Spielleiterin das Blatt wegziehen.

Auf dem richtigen Weg

Zunächst werden 4 × 4 Teppichfliesen mit kurzem Abstand in einem Quadrat angeordnet.

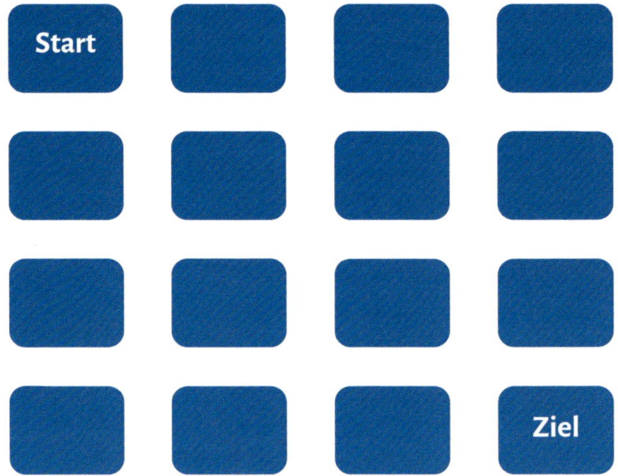

Dann werden zwei Gruppen gebildet, die möglichst gleich groß sind. Gruppe A erhält eine Vorlage, auf der der Start und das Ziel festgelegt sind und markieren jetzt 4 weitere Felder – in jeder Reihe eins.

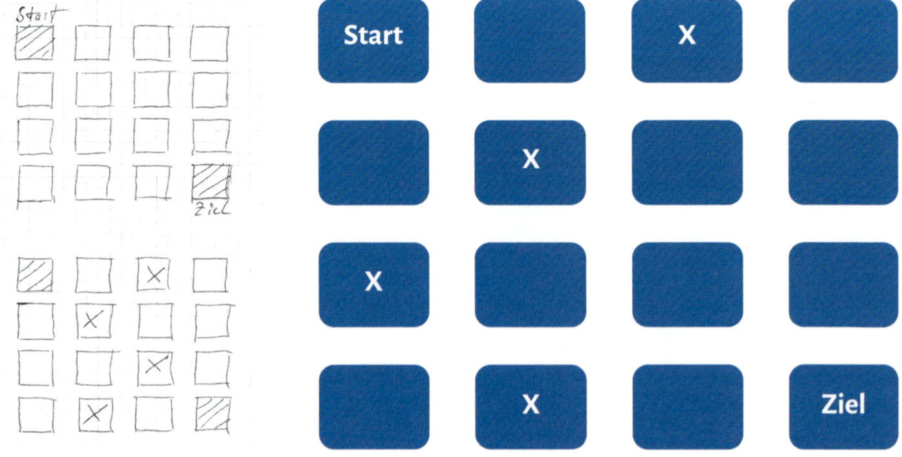

Nun versucht Gruppe B, den richtigen Weg zum Ziel zu finden. Dazu tritt ein Kind auf eine Fliese und erhält von Gruppe A ein Zeichen oder ein Signal, ob es die Richtige ist. In diesem Fall darf es einen zweiten Schritt machen und so fort. Sobald es auf eine „falsche" Fliese tritt, teilt die Gruppe durch ein anderes Signal den Fehler mit und das nächste Kind beginnt wieder am Startpunkt und setzt die Route über den bereits gefundenen Weg fort. Die Kinder der Gruppe B können sich durch Zuruf gegenseitig unterstützen. Das Ziel ist erreicht, wenn alle Kinder alle markierten Fliesen in einem „Gang" ohne einen „Fehltritt" abgeschritten sind.

Anschließend wechseln die Gruppen die Aufgaben.

Material: 16 Teppichfliesen, Vorlage

Gruppengröße: 4–20 Kinder

Variation:

- Die Kursleiterin bestimmt den Weg und die gesamte Gruppe sucht die Lösung.
- Auf die Vorlage wird eine Zahlenfolge geschrieben, die beim Weg eingehalten werden soll. Diese Aufgabe ist deutlich schwieriger.

Tipps:

- Die Zeichen oder Signale für die Rückmeldung sollten eindeutig und vorher besprochen sein.

Das Haus für den Riesen

Wenn die Kinder einige Spielerfahrungen mit Zollstöcken gesammelt haben, erhalten sie die Aufgabe, gemeinsam ein großes Haus für einen Riesen auf den Boden zu legen. Das Haus kann mehrere Stockwerke, Türen, Fenster und einen Schornstein haben. Es soll so groß werden, dass sich nach Fertigstellung die ganze Gruppe in dem Haus hinlegen kann und Platz findet. Diese Aufgabe erfordert Kommunikation und Abstimmung und so ist es nicht ungewöhnlich, dass die Gruppe anfängt zu bauen und dann feststellt, dass es oben und unten ein Dach gibt.

Liegen oder sitzen die Kinder in ihrem Haus, lesen oder erzählen wir eine Geschichte von einem ungewöhnlichen Haus (z. B. die Villa Kunterbunt).

Material: 20 Zollstöcke, Kleinmaterialien

Gruppengröße: 2–20 Kinder

Variation:

- Sie bauen breite Straßen, durch die sie laufen oder mit Fahrzeugen wie Rollern oder Rollbrettern fahren.
- Ist die Handhabung des Zollstocks zu schwierig oder sind zu wenige vorhanden, können Seile oder Stöcke hinzugenommen werden.

Tipps:

- Die Kinder sollten Erfahrungen im Spiel mit Zollstöcken mitbringen (siehe S. 30 „Balancieren auf und mit Zollstöcken“).

Mobil im Spiel „Coole Spiele mit Zollstöcken“

https://www.youtube.com/watch?v=p4P6zRAgODY

Zeitungsschwungtuch

Die Herstellung eines Schwungtuches aus Zeitungen ist eine besondere Aktion. Im Idealfall haben die Kinder schon Erfahrungen mit Schwungtüchern gesammelt und nun wird erprobt, was mit einem selbstgebauten Schwungtuch möglich ist.

Zunächst werden Zeitungsblätter der gleichen Größe mit Klebestiften oder Klebeband zu einem Rechteck zusammengeklebt. Das Schwungtuch sollte eine Größe haben, bei der alle Kinder es anfassen und mitspielen können. Das Schwungtuch wird zunächst vorsichtig auf und ab geschwungen, dabei können einzelne Kinder den Platz wechseln (z. B. wer 5 Jahre ist, wer eine rote Hose trägt, wer gern Äpfel isst ...). Dieses Schwungtuch hat andere Eigenschaften als ein Schwungtuch aus Stoff und nicht die Stabilität, so dass wir achtsam damit umgehen sollten. Trotzdem können auch hier leichte Gegenstände wie z. B. Papierbälle auf dem Schwungtuch gemeinsam in die Höhe geworfen werden.

Material: Zeitungen, Klebestifte (alternativ Klebeband), (Papier-)Bälle, Schwämme

Gruppengröße: 4–25 Kinder

Variation:

- Ein Schwungtuch aus 2-4 Zeitungsblättern für je zwei Kinder

Tipps:

- Es ist hilfreich, wenn wir die Kinder zu Spielbeginn bitten, das Schwungtuch gemeinsam vorsichtig anzuheben z. B. mit den Worten „mal schauen, ob wir es hochheben können, ohne dass es zerreißt?“

Begegnungen auf der Zeitungsinsel

Jedes Kind erhält ein Zeitungsblatt und faltet es auseinander. Alle Blätter werden nun zu einer großen Insel aneinandergelegt. Die Kinder bewegen sich als Bewohner auf der Zeitungspapierinsel, ohne dass die Füße den Boden ohne Zeitung berühren. Nach einer kurzen Zeit stoppt der /die AnleiterIn den Spaziergang und nimmt ein oder mehrere Papiere weg, so dass die Insel immer kleiner wird. Dieser Vorgang wird so oft wie möglich wiederholt. Ganz vorsichtig gehen die Einwohner spazieren, um nicht von der Insel zu fallen. Wie viele Blätter sind am Ende noch vorhanden?

Material: Zeitungspapier

Gruppengröße: 6–20 Kinder

Variation:
- Durch eine sich in Schnelligkeit und Rhythmus unterscheidende Musik, die zur bewegten Phase gespielt wird, kann das nötige Vorgehen und die angemessene Intensität der Kinder unterstützt werden.
- Es lassen sich auch unterschiedliche Fortbewegungsmöglichkeiten ausprobieren wie auf Zehenspitzen gehen, hüpfen, schleichen etc.

Tipps:
- Die Kinder sind gefordert, aufeinander Rücksicht zu nehmen, dass jeder Inselbewohner auch auf der Insel bleiben kann. Der/die AnleiterIn kann im Gespräch mögliche Strategien mit den Kindern erarbeiten.

Tipp-Kick

Bei dieser Spielidee soll ein „blinder“ Fußballspieler von einem Partner geführt werden. Der Führende versucht den Schützen so zwischen den Papprollen hindurch zu begleiten und zu positionieren, dass dieser auf Schulterdruck mit dem gleichseitigen Bein eine Papprolle umschießt, die dann aus dem Spiel genommen wird.

Material: Möglichst viele Papprollen

Gruppengröße: 2–12 Kinder

Variante:

- Die Papprollen sind farbig markiert und nur eine bestimmte Farbe darf gekickt werden.
- Bei diesem Spiel können zwei Mannschaften gebildet werden, die jeweils versuchen, die meisten Papprollen zu treffen.

Tipps:

- Möglichst darauf achten, dass die Papprollen nicht zu eng stehen.
- Eine Augenbinde erleichtert den Kindern die Augen geschlossen zu halten, sollte aber unbedingt freiwillig angeboten werden.

Einmauern

Ein Kind legt sich rücklings auf den Boden. Ein anderes Kind (oder mehrere Kinder) „ummauern" das liegende Kind mit vielen Pappröhren, indem es diese um den Körper herum aufrecht hinstellt. Die Papprollen sollten das Kind nicht berühren. Anschließend versucht das eingemauerte Kind, aus dem ummauerten Raum auszubrechen, wobei möglichst wenig Rollen umfallen sollten.

Material: Viele Papprollen

Gruppengröße: 2–12 Kinder

Variante:

- Gemeinsam in der Gruppe kann überlegt werden, welches Kind in den gemauerten Raum eines anderen passen könnte. Kann es sich hineinlegen, ohne dass viele Rollen umfallen?

Tipps:

- Der „Ausbruch" aus dem Gefängnis verlangt ein großes Maß an Handlungsplanung. Eine sprachlich unterstützende Hilfestellung durch den/die AnleiterIn kann die Kinder in ihrer kontrollierten Bewegung fördern.

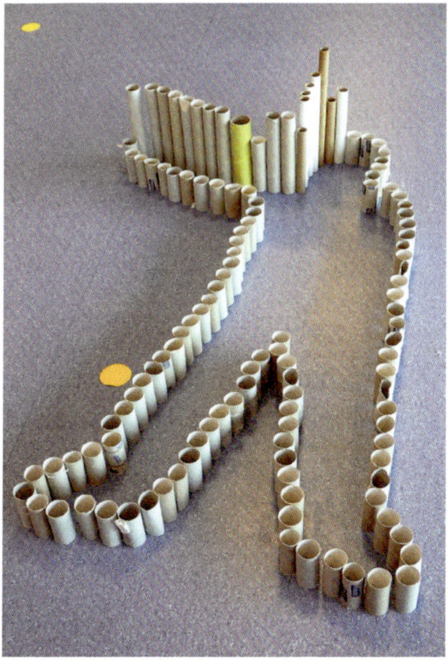

Zeitungsgeschichte

Die Kinder erhalten die Möglichkeit, sich mit Zeitungspapier zu verkleiden. So könnte die Spielleiterin eine beliebte Vorlesegeschichte oder ein Thema aus der Spielwelt der Kinder als Anlass nehmen, sich und die Kinder mit dem Zeitungspapier kreativ zu kostümieren und Hilfsmittel zu bauen.

Material: Zeitungen, Wäscheklammern, Klebeband

Gruppengröße: 1–20 Kinder

Variation:

- Die Kinder können aufgefordert werden, sich eine Kostümierung aus dem Karneval zu überlegen. Gemeinsam kann dann das Kostüm an einem Model hergestellt werden.

Tipps:

- Zu Beginn sind die Kinder oft noch zurückhaltend und geben sich damit zufrieden, ein kleines Accessoire anzufertigen. Mit der Zeit werden die Kinder ausdauernder und kreativer.
- In der Praxis hat es sich bewährt, wenn die Spielleiterin sich vorbildhaft verhält und mitspielt.

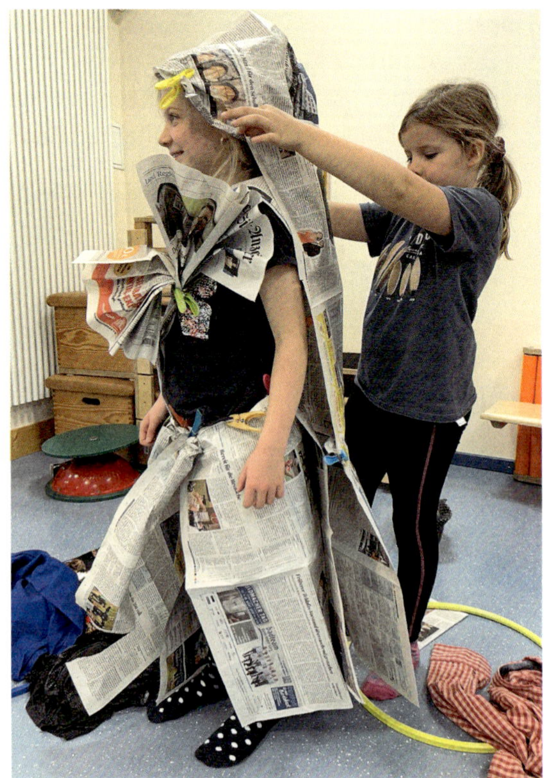

Führ- und Tastspiel im Freien

Die Kinder finden sich paarweise zusammen und bestimmen die Rolle eines „Blinden“ und eines „Führenden“. Gemeinsam mit den Kindern erarbeitet die Anleiterin, auf welche Dinge der Führende achten muss und welche Mittel ihm zu Verfügung stehen, so dass sich der nicht sehende Partner vertrauensvoll von ihnen begleiten lässt. Den Kindern wird freigestellt, ob sie sich die Augen verbinden lassen oder sie selber schließen möchten. Zunächst werden die Kinder draußen blind und langsam geführt, um die Untergründe zu spüren. Unterwegs gibt es auch mit den Händen Einiges zu entdecken. Der „blinde“ Partner wird durch das Gelände geführt und unterwegs werden ihm ca. 5 Gegenstände aus der Natur oder Umgebung angeboten, die er mit den Händen ertasten soll.

Material: Natur- und Kleinmaterial, eventuell Augenbinden bzw. Baumwolltücher

Gruppengröße: 2–10 Kinder

Variation:

- Das Erkunden von unterschiedlichen Untergründen lässt sich auch sehr gut mit Hilfe eines auf Hüfthöhe gespannten Seiles eröffnen. So können die Kinder mit den Händen am Seil entlangfahren und ihr eigenes Tempo wählen.
- Die nicht sehenden Kinder sitzen auf einer mitgebrachten Picknickdecke und warten, dass ihr Partner ihnen Dinge aus der Natur zum Erfühlen in die Hände legt.

Tipps:

- Dieses Spiel verlangt großes Vertrauen in den begleitenden Partner. Deshalb sollten die Paare sich bereits kennen und durch vorher gemachte gemeinsame Erfahrungen Rücksicht nehmen können und Zutrauen haben.

Spinnennetz

Alle Kinder stellen sich im Kreis auf, so dass sie sich anschauen können. Ein Wollknäuel wird nun, ausgehend von dem/der AnleiterIn, über die Mitte einem anderen Kind zugerollt, wobei er/sie den Beginn des Fadens in der Hand behält. Dieses Kind handelt jetzt genauso. Es hält den bei ihm umlaufenden Fadenteil in einer Hand und rollt das ganze Knäuel weiter zu einem anderen Kind. So wird ein Spinnennetz gewoben, in dem alle eine „tragende Rolle" spielen. Die Kinder können ihren Haltepunkt auf unterschiedlichen Höhen halten. Der/die ÜbungsleiterIn motiviert die Kinder nach und nach, durch das Spinnennetz zu steigen, ohne den Faden zu berühren. Ein benachbartes Kind hält für die Zeit, die ein Kind zum Durchqueren des Spinnennetzes benötigt, seinen Teil des Fadens mit fest.

Material: Wollknäuel, Klammern, Zapfen, Glöckchen, etc.

Gruppengröße: 8 – 20 Kinder

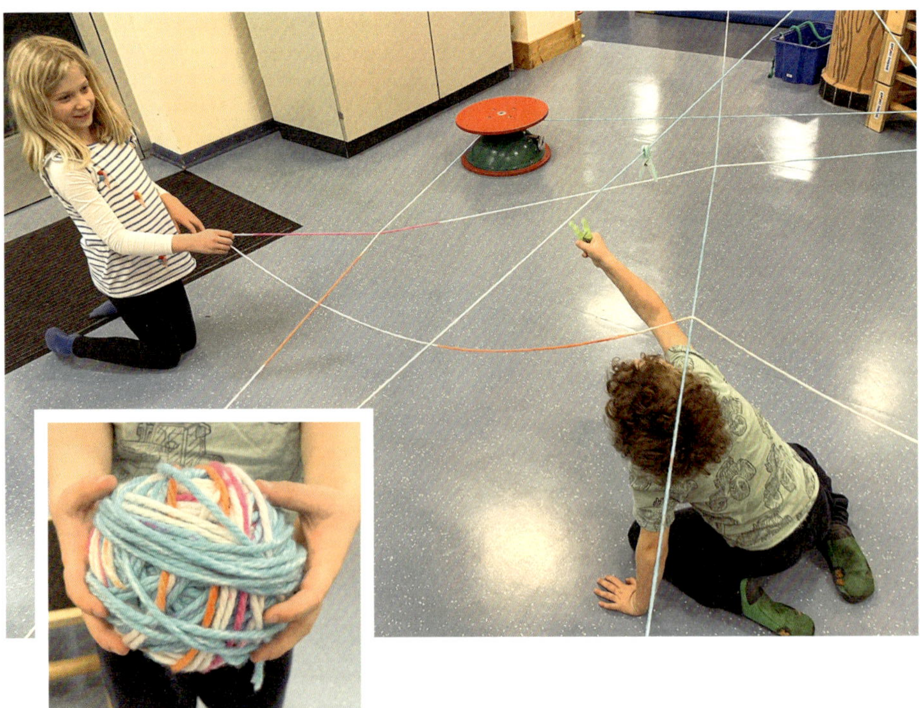

Variation:

- Je nach Größe des Wollknäuels und der Fertigkeit der Kinder, kann das Knäuel auch zugeworfen werden.
- An das Spinnennetz können auch Wäscheklammern, kleine Zapfen, Glöckchen etc. gehängt werden, so dass die Rückmeldung einer Berührung noch deutlicher über Bewegung oder Geräusche wahrnehmbar ist.
- Im Freien ist es auch möglich, ein Spinnennetz um einige nahe beieinanderstehende Bäume zu weben.

Tipps:

- Das Knäuel sollte von der Größe her so aufgewickelt werden, dass es gut in eine Hand der Kinder passt.
- Gerade für jüngere Kinder bietet es sich an, das Netz an Punkten im Raum, am Boden oder im Freien zu befestigen, da der hohe Aufforderungscharakter des Spielimpulses ihre eigene Regulationsfähigkeit übersteigt. Die Ausdauer für das Halten des Fadens, muss alters- und entwicklungsgemäß eingeschätzt und eben durch Hilfsmittel angepasst werden.

Warentransport

Für dieses Geschicklichkeitsspiel bilden die Kinder Paare. Sie verwandeln sich in Lieferanten, die Waren von A nach B bringen müssen. Jedes Paar erhält eine Serviette, die sie auseinanderfalten und an den Ecken festhalten. Nun sollen die Kinder damit verschiedene kleine Gegenstände transportieren.

Material: Servietten, kleine Gegenstände wie Bausteine, kleine Bälle, Plastikbecher, etc., die beim Herunterfallen nicht zerbrechen

Gruppengröße: 4–24 Kinder

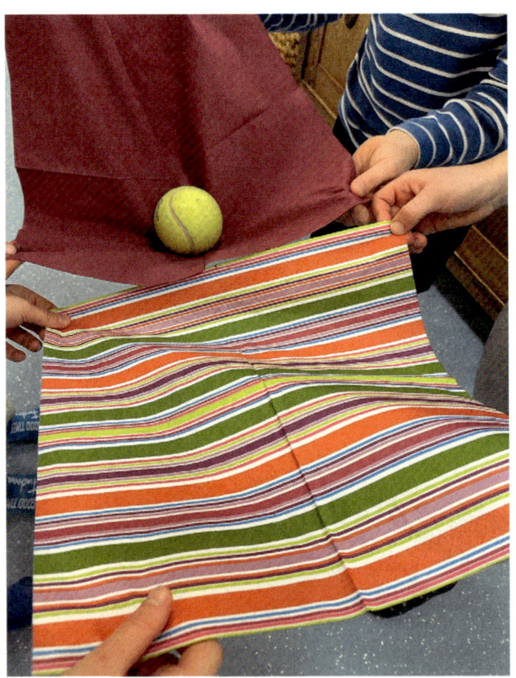

Variation:

- Dieses Spiel kann natürlich auch mit ähnlichen Materialien wie Küchentücher, Handtücher etc. durchgeführt werden.
- Ebenfalls ist es möglich, dass jedes Kind eine Serviette oder ein Tuch alleine in beiden Händen hält.
- Auch kann eine Warenkette aufgebaut werden. Hierbei stellen sich die Paare nebeneinander und lassen den Gegenstand vorsichtig von ihrer Serviette in die der Nebenstehenden kullern bzw. rutschen.

- Soll eine Endloskette entstehen, laufen die Partner direkt nach Weitergabe des Materials an das Ende der Reihe und warten, bis der Gegenstand in ihr Tuch übergeben wird usw.

Tipps:

- Bei einer Endloskette zeigen sich unterschiedliche Lösungsstrategien, wenn es darum geht, so schnell wie möglich mit seinem Partner an das andere Ende der Reihe zu gelangen und das Tuch startbereit zu halten. Unterstützen sie die Kinder dabei und stellen sie heraus, dass jeder seine eigene Umsetzung finden und beibehalten kann.
- Soll eine Endloskette entstehen, laufen die Partner direkt nach Weitergabe des Materials an das Ende der Reihe und warten, bis der Gegenstand in ihr Tuch übergeben wird usw.

Kissenrennen

Alle Kinder stehen in einem Kreis und schauen in die Mitte. Zwei Kinder halten je ein Kissen in Händen, das auf ein Startkommando des Anleiters in ein und dieselbe Richtung zum direkten Nachbarn weitergegeben wird usw. Jetzt sollen beide Kissen möglichst schnell ein Rennen bestreiten. Kann ein Kissen das andere einholen?

Material: 2 oder mehr Kissen

Gruppengröße: 2–20 Kinder

Variation:

- Wenn die Gruppe größer ist, können natürlich auch mehrere Kreise gebildet werden.
- Auf Kommando des Anleiters bzw. eines vorher bestimmten Kindes, kann ein Richtungswechsel vollzogen werden.
- Außerdem wird durch die Abänderung der Aufstellung z. B. in eine Reihe ein Wettrennen möglich. Dabei kann die Übergabe variiert werden, wie z. B. über den Kopf, vorwärts, rückwärst oder durch die Beine.

Tipp:

- Die Kissen sollten möglichst keine Reißverschlüsse haben bzw. diese unter einer Schutznaht versteckt sein, um Verletzungen zu vermeiden.

Was sonst noch geht

Was sonst noch geht

Was sonst noch geht? Natürlich gibt es viele weitere Alltagsmaterialien, Spielideen und Anlässe, die in einem Buch nicht alle Berücksichtigung finden können. Auch ist uns bewusst, dass unsere gewählte Schwerpunktsetzung in den Kapiteln erweiterbar wäre. Außerdem ließen sich je nach Durchführung der Spiele andere Schwerpunkte beschreiben und so könnten wir auch die folgenden Spielideen den bestehenden Kapiteln zuordnen. Uns ist es ein Anliegen mit „was sonst noch geht" noch einmal deutlich zu machen, dass Alltagsmaterialien in unterschiedlichen Kontexten zum Einsatz kommen. So ließen sich „Dosen-Pong" und „Schreiben und Rechnen mal anders" nicht nur in unseren psychomotorischen Angeboten, sondern auch prima im Unterricht, der Lerntherapie oder im offenen Ganztag als Lernstationen einsetzen, mit dem Ziel, ein sensorisch vielfältiges Lernen zu eröffnen. Spielideen wie „der Krake füttern" oder „Folienmalerei" haben wir den Kindern als Stationen bei Spielfesten eröffnet, allerdings könnten sie auch den Spielalltag von Kindertagesstätten bereichern. „Zwillinge suchen" oder „Mandala" lassen sich bei Waldwochen oder Waldspaziergängen leicht umsetzen. „Verkehrte Welt" und „Blitzeinkauf" können zum Rollenspiel animieren. Uns ist bewusst, dass sich diese Spiele auch abwandeln lassen und in völlig anderen Zusammenhängen nutzbar sind. Die Ideen dieses Buches, die sich alle in unserer psychomotorischen Praxis bewährt haben, lassen sich in Kita, Schule, Therapie oder Verein realisieren, es lässt sich z. B. auch mit geringem Aufwand ein wunderbarer Kindergeburtstag gestalten.

Möge dieses bunte Schlusskapitel die LeserInnen dazu anregen, Alltagsmaterialien alltäglich und zur eigenen Überraschung in immer neuen Kontexten einzusetzen. Auch wir erfahren in unserer psychomotorischen Praxis immer wieder Überraschendes im Spiel mit den Kindern. Genau dies sorgt dafür, dass keine Langeweile einkehrt und die Freude an sinnvollem Spiel, freudvoller Bewegung und lustvollem Miteinander erhalten bleibt.

Dosen-Pong

Für das Dosen-Pong-Spiel benötigen wir einige kleine Eimer, Dosen oder Töpfe. Diese werden ca. einen Meter entfernt auf einem Tisch oder auf einem glatten, festen Boden zu einem geschlossenen Kreis oder Viereck angeordnet. Die Gefäße können gern unterschiedliche Farben oder Größen haben. Nun soll ein Tischtennisball so geworfen und dabei aufgetippt werden, dass er in einem der Gefäße landet. Ein markierter Kreis oder ein Viereck, in dem der Ball aufgetippt wird, kann als Orientierung dienen.

Material: Gefäße wie kleine Eimer, Dosen oder Töpfe, 3-10 Tischtennisbälle, Klebeband, Stift

Gruppengröße: 1–4 Kinder

Variation:

- Der Abstand und die Größe der Gefäße sollten abhängig von Alter und Erfolgserlebnis variiert werden, so könnten auch große Eimer oder Kisten und Tennisbälle benutzt werden.
- Bei Schulkindern können Punktzahlen in die Gefäße geschrieben oder geklebt werden. Nach einem Durchgang mit z. B. 10 Würfen zählt das Kind nicht nur die Zahl der Treffer, sondern auch die Zahl der Punkte, die es erzielt hat.

Tipps:

- Idealerweise ist diese Aufgabe eine von mehreren Spielstationen in der Kita, Schule oder bei einem Spielfest.
- Unterschiedlich große Dosen oder Gefäße lassen sich besser stapeln und sind auch für die Rechenkünstler interessant. Die Kinder finden schnell raus, in welchem Gefäß die meisten Bälle landen.

Mobil im Spiel „Ziel-Pong"

https://www.youtube.com/watch?v=77Yu5UVQIBE

Schreiben und Rechnen mal anders

Mit Zollstöcken, Schnüren oder Seilen lassen sich wunderbar Buchstaben, Worte, Zahlen oder auch ganze Sätze legen. Für Schulkinder ist dies eine willkommene Abwechslung und Ergänzung, sobald sie Zahlen und Buchstaben kennenlernen. Von einem Buchstaben zu einem Wort (z. B. dem eigenen Vornamen) bis zu einem Satz oder von einer Zahl zu einer Rechenaufgabe lassen sich unterschiedliche Schwierigkeitsgrade eröffnen. Diese Aufgabe ist gut als Spiel- bzw. Lernstation umsetzbar.

Material: Zollstock je Kind

Gruppengröße: 1–25 Kinder

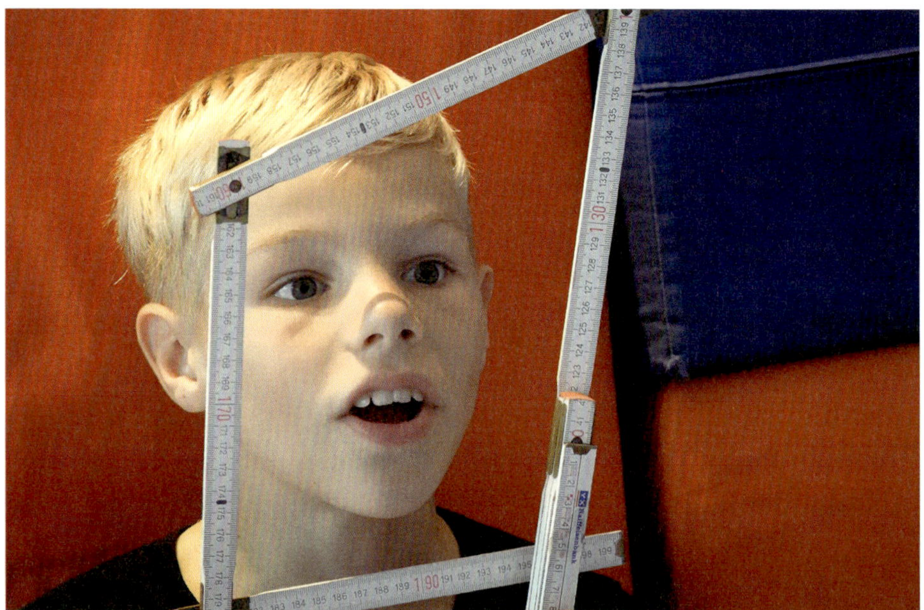

Variation:

- Die Spielleiterin ruft ein Wort (eine Zahl), dass von der Gruppe geschrieben wird.

Tipps:

- Wenn die Kinder sie Zollstöcke auseinanderklappen, sollten sie etwas Abstand voneinander halten.

HACKS
FOR
TRACKS

Den „Kraken füttern“ oder Wurfspiele mit der Leiter

Leitern bieten neben dem Klettern für Kinder noch weitere Herausforderungen. Die Felder der liegenden Leiter können dem Zielwerfen mit Sandsäckchen, Tennisbällen oder Bällen aus einem Bällebad dienen. An den Leitern lassen sich auch Eimer als Ziele befestigen. Ein eindrucksvolles Gebilde ist der „Krake“, der an einer oder zwei Leitern befestigt ist. Er besteht aus einem großen, bunt gestalteten Bottich aus dem Baumarkt und einigen Drainagerohen, die wie die Arme von Kraken aussehen. Im Bottich sind Löcher und die Rohre sind entsprechend eingepasst, so dass hinein geworfenen Bälle durch die Arme wieder zum Boden rollen. Damit diese Konstruktion stabil ist und funktioniert, braucht es etwas handwerkliches Geschick und Zeit.

Material: Leiter(n), Bottich, Bälle, evtl. Drainagerohre, Schnüre

Gruppengröße: 1–6 Kinder

Variation:

- Das Drainagerohr und ein Eimer mit Bällen werden mit Schnüren an der Leiter befestigt. Die Kinder klettern auf die Leiter und legen die Bälle in die Rohre.

Tipps:

- Der Bau eines Kraken ist als Projekt geeignet, um auch handwerklich geschickte Eltern mit ins Boot zu holen. Damit die Bälle aus dem Bottich in die Rohre rollen, haben wir schon Konstruktionen mit Pappe und auch mit Bauschaum erprobt.

Blitzeinkauf

Auf einer Fläche liegen viele unterschiedliche Kleidungsstücke verteilt. Die Kinder werden aufgefordert, so schnell wie möglich, einen Einkauf zu starten und alle ausgewählten Kleidungsstücke in ihre Umkleide zu bringen. Hierzu wird jedem Kind ein Reifen bzw. eine Kiste zugewiesen. Das Ende der Einkaufszeit kann durch ein Signal oder einen Musikstopp verkündet werden.

Material: Verschiedenste Anziehsachen wie Hemden, Kleider, Hosen, Schuhe, Hüte Krawatten, etc., Kisten, Reifen

Gruppengröße: 2–10 Kinder

Variation:

- Schön ist es auch, zu zweit einen Einkauf zu tätigen. Die Kinder können sich vorher überlegen, was sie einkaufen wollen, um sich ein bestimmtes Outfit zusammenzustellen oder einem bestimmten Anlass entsprechend zu kleiden.

Tipps:

- Werden Ideen mit Verkleidungssachen angeboten, ist es ratsam, vorher einige Kleiderspenden bei Eltern/Kollegen etc. anzufragen.

Zwillinge suchen

Im Freien sucht der/die SpielleiterIn ca. fünf verschiedene Naturmaterialien, wie ein Stück Moos, einen Tannenzapfen, Blätter von verschiedenen Bäumen, ein Stein oder einen Stock. Die Dinge werden auf dem Boden nebeneinander ausgebreitet. Die Kinder haben eine Minute Zeit, sich alles einzuprägen. Dann gehen sie auf die Suche. Findet ihr alle Materialien noch einmal? Wie lange braucht ihr, um die entsprechenden Gegenstücke zu sammeln?

Material: Naturmaterialien, Decken

Gruppengröße: 2–16 Kinder

Variation:

- Natürlich ist dieser Impuls auch als Partnerspiel umzusetzen.
- Jedes Kind sucht einen Gegenstand aus der Natur. Diese werden dann auf einer ausgebreiteten Decke angeordnet. Alle Kinder sollen sich die Gegenstände und die Position einprägen. Dann werden die Naturmaterialien mit einer an-

deren Decke abgedeckt. Nun werden die Kinder aufgefordert, das Bild nochmal genauso wie die Vorlage nachzulegen.

Tipps:

- Als Treffpunkt eignet sich eine Picknickdecke.
- Der Ort im Freien sollte so ausgewählt werden, dass ausreichend Naturmaterialien, die am Boden zu finden und unbedenklich sind, für die Kinder zu entdecken sind.

Mandala

Im Freien finden sich viele Dinge aus der Natur, die zum kreativen Umgang anregen. Zunächst suchen die Kinder einige Stöcke und Steine o. ä., mit denen sie einen Rahmen und Unterteilungen für ein Mandala auf den Boden legen. Als Nächstes machen sich alle gemeinsam auf die Suche nach interessanten Materialien, mit denen zusammen ein Mandala gelegt wird.

Material: Verschiedenste Naturmaterialien wie Stöcke, Steine, Blätter, Tannenzapfen, Moos, Rinde, usw.

Gruppengröße: 1–12 Kinder

Variation:
- Die Kinder können auch alleine oder zu zweit kleinere Mandalas erschaffen.

Tipps:
- Auch hier ist die Umgebung entscheidend. Es sollte eine Vielzahl an natürlichen Gegenständen zu finden sein.
- Die Kinder immer darauf hinweisen, dass keine Dinge abgerissen werden sollen, sondern nur die losen Materialien genutzt werden.

Zeitungsschleuderball

Zuerst formen die Kinder einen Zeitungsbogen zu einem Ball. Jedes Kind benötigt dann zwei bis drei ca. 40 cm lange Kreppstreifen, die es mit Tesafilm an dem Zeitungspapierball festklebt. Der Ball muss nun mit der Serviette oder dem Stoffstück umwickelt werden. Die Enden der Serviette werden anschließend mit der Kordel fest zugeschnürt, so dass an dieser Seite die Kreppstreifen herausschauen. Das letzte Stück der Kordel sollte ebenfalls ca. 40 cm lang sein und am Ende eine kleine Lasche haben, in die ein Finger gesteckt werden kann. So entsteht ein raschelnder, fliegender Schleuderball.

Material: Zeitungen (zwei große Bögen pro Kind), bunte Kreppstreifen, Servietten oder Stoffstücke (ein/e pro Kind), Tesafilm, Kordel

Gruppengröße: 1–20 Kinder

Variation:
- Es können Wurfspiele entstehen. Wie hoch und wie weit können die Kinder ihren Ball schleudern?
- Der Schleuderball erzeugt Geräusche, mal lauter, mal leiser, je nachdem, mit welcher Intensität er bewegt wird.

Tipps:
- In der Praxis hat es sich bewährt, die Kreppstreifen in unterschiedlichen Farben vorzubereiten, damit die Kinder sich direkt ihre eigene Kombination zusammenstellen können.
- Zudem ist es hilfreich, mehrere Tesafilm-Abroller und helfende Hände bereitzustellen.

Folienmalerei

Für diese Aktion wird eine nicht zu starke Plastikfolie aufgehängt. Nun finden sich jeweils zwei Kinder zusammen, die sich beidseitig der Folie gegenüberstehen. Auf der einen Seite der Folie stehen die „Modelle" nah an der Folie, so dass sie von ihr berührt werden. An der anderen Seite haben die Kinder Fingerfarbe zur Verfügung, mit der sie den Körper bzw. Körperteile ihrer PartnerInnen „anmalen", so dass Figuren auf der Folie einstehen. Natürlich wird nach einer Zeit gewechselt.

Material: Plastikfolie mittlere Stärke aus dem Baumarkt, Möglichkeit die Folie aufzuhängen, Fingerfarbe

Gruppengröße: 2–20 Kinder

Variation:

- Die Malerei lässt sich auch mit weichen Pinseln durchführen. Es muss aber darauf geachtet werden, dass die Folie nicht beschädigt wird.
- Es können auch Hände und Füße selbst bemalt werden und dann machen die Kinder einen Abdruck auf einer Papierrolle oder auf Stoff.

Tipps:

- Im Idealfall wird die Aktion draußen durchgeführt und natürlich braucht es eine Möglichkeit die Hände zu waschen.

Fußerfahrungsfeld

Unsere Füße werden häufig dick eingepackt und im Alltag gibt es nicht viele Gelegenheiten mit den Fußsohlen bewusst den Untergrund wahrzunehmen. Auf dem Fußerfahrungsfeld gibt es die Gelegenheit, barfuß über einen gemeinsam geschaffenen Weg zu laufen. Ideal lässt sich ein solcher Weg im Wald schaffen, indem Blätter, Tannenzapfen, Moos, Erde, kleine Äste als Untergrund genutzt werden. Aber auch bei Spielfesten können die Kinder mit vorhanden Materialien einen spannenden Weg bauen. Dabei könnte auch der Unterschied von Naturmaterialien (s.o.) auf der einen Seite und Papier, Kunststoffe, Korken etc. auf der anderen Seite fühlbar werden.

Material: Naturmaterialien, Korken, Papier, Kunststoffe, ...

Gruppengröße: 2–25 Kinder

Variation:

- Im Außengelände wir ein Fußpfad geschaffen, auf dem im Jahresverlauf die Materialien ausgetauscht werden.

Tipps:

- Manche Kinder sind an den Füßen taktil sehr empfindlich, so dass für sie ein sanfter Zugang mit Materialien, die sie selbst wählen sinnvoll sein kann.
- Je jünger die Kinder sind, umso mehr sollte auf die Einstiegshöhe der befüllten Behältnisse geachtet werden.

Verkehrte Welt

Die Kinder probieren bei dieser Spielidee aus, welche Kleidungsstücke sich auch falsch anziehen lassen. Sie tragen die Kleider verkehrt herum, auf links gedreht oder an einem völlig anderen Körperteil, wie eigentlich vorgesehen. In einem oder mehreren Spiegeln soll den Kindern die Möglichkeit gegeben werden, die fremde Art des Tragens der Anziehsachen an sich wahrzunehmen.

Material: Verschiedenste Kleidung wie Hemden, Kleider, Hosen, Schuhe, Hüte, Krawatten, etc., Spiegel

Gruppengröße: 6-16 Kinder

Variation:

- Die Kinder können gegenseitig beschreiben, welche Kleidung sie an welchem Körperteil bei den anderen sehen. Nach und nach nennen sie die eigentliche Art des Tragens und ziehen die Klamotten richtig an.
- Kennt einer noch eine lustigere Stelle für ein bestimmtes Kleidungsstück?

Tipps:

- Die AnleiterInnen können mit begleitenden Fragen und Hilfestellungen Ideen und Lösungen der Kinder unterstützen.

Übersicht

Spiele alphabetisch

Spielname	Material	Seite
Auf dem richtigen Weg	Teppichfliesen, Papier, Stift	164
Auf die Pappdeckel, fertig, los	Pappdeckel	52
Ausflug des Igels	Tennisball	151
Autostraße	Pappdeckel, Spielzeugautos	147
Balancieren auf und mit Zollstöcken	Zollstock	30
Bauen mit Bechern und Pappdeckeln	Becher, Pappdeckel	85
Bauen mit Papier	Papier, Tortenpappen, Tierfiguren	92
Begegnungen auf der Zeitungsinsel	Zeitungen	169
Beutel, Beutel du sollst wandern...	Plastiktüten stark, Wasser	141
Bewegungs-Memory	verschiedene Kleinmaterialien	44
Blitzeinkauf	Kleidungsstücke	185
Bunte Blumen	Servietten	154
Buntes aus der Schublade	Servietten	45
Bürstenraten	Bürsten	117
Das Haus für den Riesen	Zollstöcke	16
Den „Krake füttern" oder Wurfspiele mit der Leiter	Leitern, Bottiche, Drainagerohre, Tennisbälle	184
Der Clown	verschiedene Kleinmaterialien	110
Die Bewegungsbaustelle - klassisch	Bretter, diverse Schläche, Kästen, Klötze, Röhren	99
Die Leiter als Spielgerät	Leitern	32
Dosen-Pong	Dosen, Eimer, Tischtennisbälle	181
3 Steine gewinnt	Steine, Papier, Stift	62
Durch die Wand	Zeitungen	23
Eierpalettenwurf	Eierpaletten, Tischtennisbälle, Pompons	55
Eine federleichte Berührung	Federn	137
Einmauern	Papprollen	171
Einsteckdosen	Dosen, Kleinmaterial	73
Farbenwege	Pappdeckel bunt	53
Federtransport	Federn	139
Fliegenklatsche und Luftballon	Luftballons, Fliegenklatschen	28
Folienmalerei	Folien, Fingerfarbe	190

Führ- und Tastspiele im Freien	Naturmaterialien	173
Fußerfahrungsfeld	verschiedene Kleinmaterialien	192
Hemd, Schuh, Hut	Kleidungsstücke	26
Hundefriseur	Bürsten	119
Igel im Blätterhaufen	Zeitungen	149
Indianerzelt bauen	Zollstöcke	111
Indoor-Bumerang	Pappteller, fester Karton, Buntstifte, Schere	90
Insekten im Rapssamen	Rapssamenkiste, Sandtiere, Spielinsekten	64
Karton City	Kartons, Sägen, Farben	96
Kastanien im Karton	Kastanien, Eierpappe	78
Kinderbiathlon - Das Ziel im Auge	Wasserspritzen, Plastikflaschen, Tischtennisbälle	27
Kissenmassage	Kissen	143
Kissenquiz	Kissen	144
Kissenrennen	Kissen	175
Klammerklau	Wäscheklammern	26
Klammerkunstwerke	Wäschklammern, Pappdeckel, Spielkarten	86
Konstruktionen mit Zollstöcken	Zollstöcke	91
Kugelbahn Outdoor	Bocciakugeln, Bälle, Seile, Naturmaterialien	103
Kunstwerke aus Eierpappen	Eierpappen	108
Lauf-Geschichte	verschiedene Kleinmaterialien	42
Lauschen und zählen	Steine	136
Lustiges Schrauben und Drehen	Behälter mit Deckeln	71
Magnetspaß	Magnete, Dosen, Behälter	69
Mandala	Naturmaterialien	188
Massagekiste	Massageroller etc.	67
Meeresbrise	Teppichfliesen	126
Mutsprung	Zeitungen	160
Nestbau	Reifen, Korken	105
Ortswechsel	Teppichfliesen	24
Pappdeckel auf wackeligem Untergrund	Pappdeckel	84
Pappdeckelbilder	Pappdeckel, Kreppband	148
Pfeifenputzerfädelei	Siebe, Pfeifenputzer	74

Rollern und rutschen - Fortbewegen mit Teppichfliesen	Teppichfliesen	25
Rund und bunt...	Pappdeckel bunt	41
Säckchen spüren	Säckchen, Socken gefüllt	60
Schatzsuche	Papprőhren, Wasserballons, Muggelsteine	58
Schreiben und Rechnen mal anders	Zollstöcke	182
Schwammbilder	Schwämme, Reifen, Rahmen	57
Schwämmebad	Schwämme, Korb, Planschbecken, Karton	56
Schwammexperiment	Schwämme	127
Schwammige Decke	Schwämme	129
Schwammmemory	Schwämme	131
Spielen mit Papprohren	Papprohre, Bälle	94
Spielereien mit Luftballons	Luftballons	34
Spinnennetz	Wollknäuel, Wäscheklammern, Glöckchen	174
Stapelkind – Bauen auf Rücken, Arm, Knie	Pappdeckel	107
Starke Kinder	Zeitungen	158
Starke Steine	Steine	100
Steine – Balancieren und Transportieren	Steine	132
Steine beschreiben und sortieren	Steine	134
Sticker aufkleben	Pappdeckel	146
Tag am Meer	Handtücher, Papprollen	125
Tastmemory	Deckel, Kleinmaterial	65
Tipp-Kick	Papprollen	170
Verbindung	Zeitungen, Klammern	161
Verkehrte Welt	Kleidungsstücke	194
Vogelhochzeit	Federn	140
Walzerfahrer Willi	Malerrollen	123
Warentransport	Servietten, Tücher etc., Kleinmaterialien	176
Waschstraße	Malerrollen, Bürsten, Pinsel	121
Waschtag	Servietten, Wäscheklammern, Leine	47
Wie groß bin ich?	Papprőhren, Zollstöcke	76
Wurf- und Schießbuden	Blechdosen, Plastikbecher, -flaschen, Tennisbälle	102
Zapfen schnappen	Tannenzapfen	40
Zauberpalme	Zeitungen, Scheren, Kleber	88

Zeitungsbalance	Zeitungen	75
Zeitungsexperiment	Zeitungen	163
Zeitungsgeschichte	Kleidungsstücke	172
Zeitungsschleuderball	Zeitungen, Servietten, Krepppapier, Tesa, Wollfäden	189
Zeitungsschwungtuch	Zeitungen, Kreppband, Kleber, Papierbälle, Schwämme	168
Zeitungswand	Zeitungen, Leine, Seile, Wäscheklammern, Bälle, Schwämme	38
Zwillinge suchen	Naturmaterialien	186

Spiele nach Material

Material	Spielname	Seite
Becher, Pappdeckel	Bauen mit Bechern und Pappdeckeln	85
Behälter mit Deckeln	Lustiges Schrauben und Drehen	71
Blechdosen, Plastikbecher, -flaschen, Tennisbälle	Wurf- und Schießbuden	102
Bocciakugeln, Bälle, Seile, Naturmaterialien	Kugelbahn Outdoor	103
Bretter, diverse Schläche, Kästen, Klötze, Röhren	Die Bewegungsbaustelle - klassisch	99
Bürsten	Bürstenraten	117
Bürsten	Hundefriseur	119
Deckel, Kleinmaterial	Tastmemory	65
Dosen, Eimer, Tischtennisbälle	Dosen-Pong	181
Dosen, Kleinmaterial	Einsteckdosen	73
Eierpaletten, Tischtennisbälle, Pompons	Eierpalettenwurf	55
Eierpappen	Kunstwerke aus Eierpappen	108
Federn	Eine federleichte Berührung	137
Federn	Federtransport	139
Federn	Vogelhochzeit	140
Folien	Folienmalerei, Fingerfarbe	190
Handtücher, Papprollen	Tag am Meer	125
Kartons, Sägen, Farben	Karton City	96
Kastanien, Eierpappe	Kastanien im Karton	78
Kissen	Kissenmassage	143
Kissen	Kissenquiz	144
Kissen	Kissenrennen	175
Kleidungsstücke	Blitzeinkauf	185
Kleidungsstücke	Hemd, Schuh, Hut	26
Kleidungsstücke	Verkehrte Welt	194
Kleidungsstücke	Zeitungsgeschichte	172
Leitern	Die Leiter als Spielgerät	32
Leitern, Bottiche, Drainagerohre, Tennisbälle	Den „Krake füttern" oder Wurfspiele mit der Leiter	184
Luftballons	Spielereien mit Luftballons	34

Luftballons, Fliegenklatschen	Fliegenklatsche und Luftballon	28
Magnete, Dosen, Behälter	Magnetspaß	69
Malerrollen	Walzerfahrer Willi	123
Malerrollen, Bürsten, Pinsel	Waschstraße	121
Massageroller etc.	Massagekiste	67
Naturmaterialien	Führ- und Tastspiele im Freien	173
Naturmaterialien	Mandala	188
Naturmaterialien	Zwillinge suchen	186
Papier, Tortenpappen, Tierfiguren	Bauen mit Papier	92
Pappdeckel	Auf die Pappdeckel, fertig, los	52
Pappdeckel	Pappdeckel auf wackeligem Untergrund	84
Pappdeckel	Stapelkind – Bauen auf Rücken, Arm, Knie	107
Pappdeckel	Sticker aufkleben	146
Pappdeckel bunt	Farbenwege	53
Pappdeckel bunt	Rund und bunt...	41
Pappdeckel, Kreppband	Pappdeckelbilder	148
Pappdeckel, Spielzeugautos	Autostraße	147
Papprohre, Bälle	Spielen mit Papprohren	94
Papppröhren, Wasserballons, Muggelsteine	Schatzsuche	58
Papppröhren, Zollstöcke	Wie groß bin ich?	76
Papprollen	Einmauern	171
Papprollen	Tipp-Kick	170
Pappteller, fester Karton, Buntstifte, Schere	Indoor-Bumerang	90
Plastiktüten stark, Wasser	Beutel, Beutel du sollst wandern...	141
Rapssamenkiste, Sandtiere, Spielinsekten	Insekten im Rapssamen	64
Reifen, Korken	Nestbau	105
Säckchen, Socken gefüllt	Säckchen spüren	60
Schwämme	Schwammexperiment	127
Schwämme	Schwammige Decke	129
Schwämme	Schwammmemory	131
Schwämme, Korb, Planschbecken, Karton	Schwämmebad	56
Schwämme, Reifen, Rahmen	Schwammbilder	57
Servietten	Bunte Blumen	154

Servietten	Buntes aus der Schublade	45
Servietten, Tücher etc., Kleinmaterialien	Warentransport	176
Servietten, Wäscheklammern, Leine	Waschtag	47
Siebe, Pfeifenputzer	Pfeifenputzerfädelei	74
Steine	Lauschen und zählen	136
Steine	Starke Steine	100
Steine	Steine – Balancieren und Transportieren	132
Steine	Steine beschreiben und sortieren	134
Steine, Papier, Stift	3 Steine gewinnt	62
Tannenzapfen	Zapfen schnappen	40
Tennisball	Ausflug des Igels	151
Teppichfliesen	Meeresbrise	126
Teppichfliesen	Ortswechsel	24
Teppichfliesen	Rollern und rutschen - Fortbewegen mit Teppichfliesen	25
Teppichfliesen, Papier, Stift	Auf dem richtigen Weg	164
verschiedene Kleinmaterialien	Bewegungs-Memory	44
verschiedene Kleinmaterialien	Der Clown	110
verschiedene Kleinmaterialien	Fußerfahrungsfeld	192
verschiedene Kleinmaterialien	Lauf-Geschichte	42
Wäscheklammern	Klammerklau	26
Wäschklammern, Pappdeckel, Spielkarten	Klammerkunstwerke	86
Wasserspritzen, Plastikflaschen, Tischtennisbälle	Kinderbiathlon - Das Ziel im Auge	27
Wollknäuel, Wäscheklammern, Glöckchen	Spinnennetz	174
Zeitungen	Begegnungen auf der Zeitungsinsel	169
Zeitungen	Durch die Wand	23
Zeitungen	Igel im Blätterhaufen	149
Zeitungen	Mutsprung	160
Zeitungen	Starke Kinder	158
Zeitungen	Zeitungsbalance	75
Zeitungen	Zeitungsexperiment	163
Zeitungen, Klammern	Verbindung	161

Zeitungen, Kreppband, Kleber, Papierbälle, Schwämme	Zeitungsschwungtuch	168
Zeitungen, Leine, Seile, Wäscheklammern, Bälle, Schwämme	Zeitungswand	38
Zeitungen, Scheren, Kleber	Zauberpalme	88
Zeitungen, Servietten, Krepppapier, Tesa, Wollfäden	Zeitungsschleuderball	189
Zollstock	Balancieren auf und mit Zollstöcken	30
Zollstöcke	Das Haus für den Riesen	16
Zollstöcke	Indianerzelt bauen	111
Zollstöcke	Konstruktionen mit Zollstöcken	91
Zollstöcke	Schreiben und Rechnen mal anders	182

Literatur

Ayres, A. J. (2002): Bausteine der kindlichen Entwicklung. Heidelberg: Springer.

Bahr, S./Kallinich, K./Beudels, W. et al. (2012): Bedeutungsfelder der Bewegung für Bildungs- und Entwicklungsprozesse im Kindesalter. In: Motorik 35 (3), 98–109.

Beins, H.J. (1993): Das große, kecke Zeitungsblatt – Alltagsmaterialien in der psychomotorischen Entwicklungsförderung, in: Praxis der Psychomotorik 18 (1), 46–50.

Beins, H. J. (1994): Gedanken zur Zeit oder Zollstöcke in der Psychomotorik. In: Praxis der Psychomotorik 19 (1), 29–30.

Beins, H. J./Conrady, J. (1996): Kinder als Erfinder. In: Praxis der Psychomotorik 21 (2) S. 114–116.

Beins, H. J. (Hrsg.) (2007): Kinder lernen in Bewegung. Dortmund: *BORGMANN MEDIA*.

Beins, H. J./Cox, S. (2011): Die spielen ja nur. Psychomotorik in der Kindergartenpaxis. Dortmund: borgmann publishing.

Beins, H. J./Klee, T. (2020): Bauen ist lustvolles Lernen. Wie Kinder spielerisch Balance finden. Dortmund: *BORGMANN MEDIA*.

Beins, H. J./Lensing-Conrady, R./Wolf, G. (2017): Von Sinnen. Impulse und Interventionen für Meetings, Workshops, Konferenzen. Ein Methodenbuch. Dortmund: verlag modernes lernen.

Bender, S./Martzy, F./Schache, S. (2013): Psychomotorik – arbeiten mit Kindern von 0–3 Jahren. Köln: Bildungsverlag Eins.

Beudels, W. (2006): Alte Hüpf- und Hinkespiele neu entdeckt. In: Sportpädagogik (1), 13–22.

Beudels, W. (2007): Kinder lernen in und durch Bewegung. Theoretische Hintergründe und praktische Konsequenzen. In: Beins, H. J. (Hrsg.): Kinder lernen in Bewegung. Dortmund: *BORGMANN MEDIA*, 147–171.

Beudels, W. (2014): Zusammenhänge von Bewegung und Lernen in der frühen Kindheit. In: Kita aktuell 22 (7/8), 185–187.

Beudels, W./Beins, H. J. (2019): Spielen. In: Voss, A. (2019): Bewegung und Sport in der Kindheitspädagogik. Ein Handbuch. Stuttgart: Kohlhammer.

Beudels, W./Diehl, U./Böcker-Gianinni, N. (2019): Bewegungsförderung in der inklusiven Kita. München: E. Reinhardt.

Beudels, W./Hülshoff, N./Delker, K. (Hrsg.) (2011): Außer Rand und Band – WenigKostenviel-Spaß-Geschichten mit Alltagsmaterialien. Dortmund: borgmann publishing.

Beudels, W; Lensing-Conrady, R; Beins, H. J. (2019): ... das ist für mich ein Kinderspiel. Handbuch zur psychomotorischen Praxis. 12. völlig überarbeitete Auflage. Dortmund: verlag modernes lernen.

Bielefeld, J. (1991): Körpererfahrung. Ein Beitrag zur Bewegungserziehung. Göttingen: Hogrefe.

Bläsius, J. (2008): „Was berührt mich da?" Taktile Wahrnehmungsspiele mit Bürsten, Schwämmen, Nudelhölzern. Dortmund: verlag modernes lernen.

Bläsius, J. (2009): 3 Minuten Entspannung. Übungen für zwischendurch in Kita und Schule. München: Don Bosco.

Bläsius, J. (2011): 101 Spiele mit Alltagsmaterialien. 5-Minuten-Ideen für die Kita. Mühlheim a.d.R.: Verlag an der Ruhr.

Brinkmann, A./Treeß, U. (1980): Bewegungsspiele. Reinbek: rororo.

Diebold, S. (2016): „Tausend Dinge – Schwämme" Ein Material – viele Ideen für die Kita. In: Entdeckungskiste. Freiburg: Herder.

Esser, M. (2000): Beweg-Gründe, Psychomotorik nach Bernhard Aucouturier. München: E. Reinhardt.

Fuchs, E. (2021): Naturerleben für Kleinkinder. Psychomotorische Spielideen für Wald und Wiese. München: E. Reinhardt.

Fischer, K. (2009): Einführung in die Psychomotorik. München: UTB Reinhardt-Verlag.

Fischer, K. (2015): Kinderspiel als Selbst- und Welterfahrung. In Zeitschrift Motorik 3/2015, S. 122–133.

Fink, M. (2020): Freispiel Impulse Bauen und Konstruieren. Freiburg im Breisgau: Herder.

Göpel, M. (2021): Unsere Welt neu denken. Eine Einladung. Berlin: Ullstein.

Hubrig, S. (2018):Träum+Spür+Karten U3. Erlebnisorientierte Entspannung. Aachen: Ökotopia.

Hubrig, S. (2019): Alltagsmaterialien für Bewegungsspiele nutzen. Von Schuhkartonmauern und Gummibandakrobaten. Berlin: Cornelsen.

Jost, M./Beins, H. J (2020): Bewegung und Spiel für die Kleinsten. Psychomotorik für Kinder von 1–4 Jahren. Dortmund: *BORGMANN MEDIA*.

Kiphard, E. J. (2009): Motopädagogik. Dortmund: verlag modernes lernen.

Kiphard, E. J. (2014): Wie weit ist ein Kind entwickelt? Eine Anleitung zur Entwicklungsüberprüfung. Dortmund: verlag modernes lernen.

Köckenberger, H. (2012): Bewegungsspiele mit Alltagsmaterial. Dortmund. borgmann publishing.

Krenz, A. (2016): „Das Spiel ist der Beruf jedes Kindes! Das kindliche Spiel als Selbsterfahrungsfeld und bildungsmittelpunkt für Kinder. www.kindergartenpädagogik.de.

Krus, A. (2004): Mut zur Entwicklung. Das Konzept der psychomotorischen Entwicklungstherapie. Schorndorf: Hofmann.

Kuhlenkamp, S. (2017): Lehrbuch Psychomotorik. München: E. Reinhardt.

Kükelhaus, H.,/zur Lippe, R. (2008): Entfaltung der Sinne. Ein Erfahrungsfeld zur Entfaltung der Sinne. Wiesbaden: Schloss Freudenberg.

Largo, R. H. (2010): Babyjahre. Entwicklung und Erziehung in den ersten vier Jahren. München: Piper.

Lensing-Conrady, R. (2001): Von der Heilsamkeit des Schwindels. Gleichgewicht als Motor des Lernens. Dortmund: borgmann publishing.

Lensing-Conrady, R. (2015): Mathe bewegt. Vom Körperraum zum Zahlenraum. Dortmund: verlag modernes lernen.

Lensing-Conrady (2019): Die psychomotorische Kindertagesstätte. Leitfaden zur Zertifizierung als „Anerkannte psychomotorische Kita". Dortmund: verlag modernes lernen.

Miedzinski, K./Fischer, K. (2009): Die neue Bewegungsbaustelle. Lernen mit Kopf, Herz, Hand und Fuß. Dortmund: *BORGMANN MEDIA*.

Müller, E (1992): Du spürst unter deinen Füßen das Gras. Autogenes Training in Phantasie und Märchenreisen. Frankfurt: Fischer.

Oerter, R. (1999): Psychologie des Spiels: ein handlungstheoretischer Ansatz. Weinheim: Beltz.

Passolt, M./Pinter-Theiss, V. (2003): „Ich hab' eine Idee!" Psychomotorische Praxis planen, gestalten, reflektieren. Dortmund: verlag modernes lernen.

Passolt, M. (2020): Die verloren Worte der Psychomotorik. In: Praxis der Psychomotorik 2/2020. S. 230–237.

Petermann, U. (1996): Entspannungstechniken für Kinder und Jugendliche. Weinheim: Psychologie Verlags Union.

Pikler, E. (2001): Laßt mir Zeit. Die selbstständige Bewegungsentwicklung des Kindes bis zum freien Gehen. München: Pflaum.

Pirnay, L. (1993): Kindgemäße Entspannung. Praxisbuch – nicht nur für den Schulalltag. Lichtenbusch (Belgien): Eigenverlag.

Pütz, G./ Rösner, M. (2017): Von 0 auf 36. Beobachtungs- und Spielsituationen zur Entwicklungsbegleitung von Kindern unter 3. Dortmund: verlag modernes lernen.

Quante, S. (2008): Was Kindern gut tut. Handbuch der erlebnisorientierten Entspannung. Dortmund: borgmann publishing.

Ruhe, A. T. (2019): Ruhephasen im Kindergarten. Entspannungsideen und ruhige Spiele. München: Don Bosco.

Rosa, H. (2021): Resonanz. Eine Soziologie der Weltbeziehungen. Berlin: Suhrkamp.

Scherer, T./Ivanowitsch, V. (2017): Erlebnisordner Kita. Ruhe und Entspannung. Lernen durch erleben – Kinder entdecken Großes. Stuttgart: Klett Kita.

Schindler, J. (2020): Schwierige Kinder. Die Antwort der Psychomotorik. In: Praxis der Psychomotorik, 45 (2020) 2, S. 66–74.

Seewald, J. (1991): Von der Psychomotorik zur Motologie. Über den Prozeß der Verwissenschaftlichung einer Meisterlehre. In: Motorik 1(14), 3–16.

Spiegel, H/ Selter, C. (2003): Kinder & Mathematik. Was Erwachsene wissen sollten. Hannover: Kallmeyer.

Suhr, A. (2012): Zahlen hüpfen – Buchstaben springen. Bewegungsspiele zur ganzheitlichen Schulvorbereitung. München: Don Bosco.

Thiesen, P. (2013): Konzentration und Aufmerksamkeit entspannt fördern. Freiburg: Lambertus.

Trommelen, S. (2015): Im Urwald sind die Affen los. In: Praxis der Psychomotorik, 40(2015), 1, S. 26–32.

Trommelen, S. (2019): Vielfalt statt Patentrezepte: wie begegne ich den Verhaltensweisen und Ideen der Kinder. In: Praxis der Psychomotorik, 44, 1, S. 9–18.

Vetter, M./Kuhnen, U./Lensing-Conrady, R. (2008): RisKids. Wie Psychomotorik hilft, Risiken zu meistern. Dortmund: borgmann publishing.

Wehr, M (2014): Kleine Kinder sind große Lehrer. Das Genie der frühen Jahre. Weinheim: Beltz.

Wingert, G./Vollmari, H./Legner, B. (2015): Entspannung – pur! Fantasiereisen für Kinder und Jugendliche. Dortmund: verlag modernes lernen.

Zimmer, R. (2019): Handbuch der Sinneswahrnehmung: Grundlagen einer ganzheitlichen Bildung und Erziehung. Freiburg: Herder.

Zimmer, R. (2019): Handbuch der Psychomotorik. Theorie und Praxis der psychomotorischen Förderung von Kindern. Freiburg: Herder.

Zimmer, R. (2013): Erleben, bewegen, entspannen. Wie Kinder zur Ruhe finden. Freiburg: Herder.

Zimmer, R. (2015): Kreative Bewegungsspiele. Freiburg: Herder.

Zimmer, R. (2018): Wilde Spiele zum Austoben: Durch Bewegung zur Ruhe kommen. Freiburg: Herder.

Fortbildungen

Rheinische Akademie im Förderverein Psychomotorik
Wernher-von-Braun-Str. 3
D-53113 Bonn
Tel.: 02 28/ 24 33 94 44
www.psychomotorik-bonn.de
E-Mail: akademie@psychomotorik-bonn.de
https://www.youtube.com/c/mobilimspiel/videos

Folgen Sie uns auf